Es ist ein Winterabend in Paris im Jahr 1926: Marie-Thérèse Walter ist 17 Jahre alt, als ihr Leben sich für immer ändert. Die junge blonde Frau mit dem klassischen Profil hat noch nie von diesem 45-jährigen Mann gehört, der sie bittet, für ihn Modell zu stehen. Dabei ist er bereits einer der berühmtesten Maler der Welt und verspricht ihr, dass sie »gemeinsam große Dinge erreichen« werden. In seinen Armen entdeckt sie die Amour fou. Zehn Jahre malt Picasso ihr Gesicht. Sie wird zum Inbegriff einer ganzen Schaffensperiode. Bilder, die zu den beeindruckendsten, zärtlichsten, fröhlichsten und erotischsten des Künstlers zählen. Trotzdem verbirgt Picasso die junge Geliebte vor der Welt. Erst nach der Geburt ihrer gemeinsamen Tochter Maya kennen die engsten Freunde ihren Namen. Als Picasso die Fotografin Dora Maar trifft, wird er Marie-Thérèse bald überdrüssig.

Brigitte Benkemoun, geboren 1959 in Oran/Algerien, ist eine französische Schriftstellerin und Journalistin. Sie war lange Zeit Chefredakteurin eines großen französischen Radiosenders und arbeitet regelmäßig für das französische Fernsehen. Als Autorin beschäftigt sie sich mit dem Leben beeindruckender Frauen und Künstlerinnen. Bei btb ist von ihr bereits »Das Adressbuch der Dora Maar« erschienen. Brigitte Benkemoun lebt in Paris und in Arles.

Brigitte Benkemoun

Ihr Leben für Picasso: Marie-Thérèse Walter

Aus dem Französischen
von Alexandra Baisch

btb

Die französische Originalausgabe erschien 2022 unter dem Titel
»Sa vie pour Picasso: Marie-Thérèse Walter« bei Éditions Stock, Paris.

Penguin Random House Verlagsgruppe FSC® N001967

1. Auflage
Erstveröffentlichung Dezember 2024
btb Verlag in der Penguin Random House Verlagsgruppe GmbH,
Neumarkter Straße 28, 81673 München
Copyright © der Originalausgabe 2022 Éditions Stock, Paris
Copyright © der deutschsprachigen Ausgabe 2024 btb Verlag, München,
in der Penguin Random House Verlagsgruppe GmbH
Covergestaltung: semper smile, München
Covermotiv: Bridgeman Images / PVDE; © Shutterstock / abstract_art7
Satz: GGP Media GmbH, Pößneck
Druck und Einband: GGP Media GmbH, Pößneck
KLÜ · Herstellung: kh
Printed in Germany
ISBN 978-3-442-77347-3

www.btb-verlag.de
www.facebook.com/penguinbuecher

Für Dora Maar

»Aber nein, nicht unterworfen, ich war doch nett!«[1]

Marie-Thérèse Walter

»Keine Frau verlässt einen Mann wie mich«[2], hatte Picasso gesagt ... Trifft dieses Diktum etwa auch auf mich zu?

Dabei hat meine Geschichte mit dem Maler so gar nichts von einer leidenschaftlichen Romanze. Ich komme mir eher vor wie ein angeheiratetes Familienmitglied, das sich im Kielwasser von Dora Maar widerrechtlich Zugang zu ihm verschafft hat. Nachdem ich monatelang mit dem Adressbuch seiner ehemaligen Gefährtin beschäftigt war[3], wollte ich dieses Kapitel tatsächlich hinter mir lassen. Ich hatte schon angefangen, mich von ihm zu entfernen, und mich stattdessen wieder meinen alten Leidenschaften zugewandt, ganz so, wie man nach einer schönen Reise nach Hause zurückkehrt. Ich hatte sogar meinen Verleger davon überzeugt, ein weiteres, persönlicheres Buch herauszubringen.

Doch Picasso hat mich wieder eingeholt. Während einer Signierstunde in einer Pariser Buchhandlung legte mir eine Leserin nahe, mich mit einer anderen Gefährtin des Malers zu beschäftigen: Marie-Thérèse Walter. »Sie werden sehen«, sagte sie, »bei ihrer Geschichte gibt es Unstimmigkeiten.« Sie sah sich kurz um, wie um sich zu vergewissern, dass uns niemand zuhörte, dann begann sie flüsternd eine komplizierte Erzählung, in der es um widersprüchliche Daten und vergessene Schwestern ging. Ich lächelte, unterließ es jedoch, diese Unterhaltung zu sehr zu befeuern: Mittlerweile erkannte ich die etwas zu enthusiastischen Bewunderer im Picasso-Universum, die jeweils eine seiner Frauen verherrlichten und alle anderen als Usurpatorinnen erachteten. Zumindest musste man dieser Frau zugutehalten, sich für Marie-Thérèse entschieden zu haben, wozu nur die wenigsten neigten. »Sie können sich gern bei mir melden«, sagte sie und kritzelte mir ihre E-Mail-Adresse auf einen herumliegenden Prospekt. Aus Höflichkeit steckte ich ihn ein und dachte, ich würde das Ganze vergessen.

Doch gleich am nächsten Tag fing ich an, Nachforschungen darüber anzustellen, inwiefern es im Leben von Marie-Thérèse *Unstimmigkeiten* gegeben hatte. Die Aussicht auf ein Rätsel weckte unweigerlich meine Neugier, und zugleich verstärkte sie das eigenartige Gefühl, das mich überkommen hatte, als ich bei meinen Recherchen zu Dora Maar über sie gestolpert war.

Ich erinnerte mich, gelesen zu haben, dass die beiden sich buchstäblich vor den Augen von Picasso geprügelt hatten. Auch war mir in Erinnerung geblieben, dass Marie-Thérèse seine abgeschnittenen Haare und Fingernägel wie Reliquien aufbewahrt und ihm bis ans Ende ihres Lebens fast täglich geschrieben hatte – mehr als dreißig Jahre, nachdem sie »verstoßen« worden war. Ich wusste auch noch von ihrer Bewunderung, ihrer Naivität, ihrer Blindheit und ihrer Unterwürfigkeit. Mir waren dabei Begriffe wie »Hörigkeit« und »emotionale Abhängigkeit« in den Sinn gekommen, doch ich hatte nicht ernsthaft versucht, mehr darüber herauszufinden, wer diese Frau eigentlich war …

Der Kunsthistoriker, den ich an diesem Tag anrief, schien überrascht, dass ich mich für Marie-Thérèse interessierte. Weil ich jedoch wiederholt vorbrachte, wie unergründlich sie doch sei, erklärte er schließlich, halb paternalistisch, halb genervt: »Meine liebe Brigitte, ich glaube, dass es da nicht sehr viel zu ergründen gibt.« Dieser Satz bewirkte bei mir genau das Gegenteil dessen, was er hatte bewirken sollen.

Ich meinte sogar die leise Ahnung zu haben, dass ein Ergründen von Marie-Thérèse mir helfen würde, dem Rätsel Picasso auf die Spur zu kommen.

1

Eine Schaffensperiode

Für gewöhnlich ist es nicht sehr kompliziert herauszufinden, wo ein Leben beginnt und wo es aufhört.

Für ihre Angehörigen und das französische Personenstandsregister kam Marie-Thérèse Walter am 13. Juli 1909 in Perreux-sur-Marne, einem Vorort von Paris, zur Welt. Am 20. Oktober 1977 hat sie in Juan-les-Pins Selbstmord begangen, und begraben wurde sie in Antibes.

Marie-Thérèse hat jedoch auch noch ein anderes Leben. In der Kunstgeschichte erblickt sie in dem Moment das Licht der Welt, als sie Picasso kennenlernt, Ende der Zwanzigerjahre. Während des Krieges verschwindet sie nach und nach, doch inzwischen ruht sie in den größten Museen und privaten Sammlungen.

Die Gemälde, die sie zeigen, gehören zu den beeindruckendsten, zärtlichsten, fröhlichsten und erotischsten. Ganze Bataillone von Spezialisten haben Recherchen zu ihren sinnlichen Kurven sowie den Sinnen des frohlockenden Meisters, des brünstigen Minotaurus, des ekstatischen Mittagsdämons, des Künstlers am Höhepunkt seiner Inspiration angestellt.

John Richardson (ein Freund und der bedeutendste Biograf von Picasso): »Während der Marie-Thérèse-

Jahre hat er die radikalste Revolution in der Kunst des Porträtierens seit der Renaissance herbeigeführt.«[4]

Pierre Cabanne: »Seine Kunst hat in der glücklichsten Fülle überhaupt Ausdruck gefunden.«[5]

Doch was weiß man tatsächlich von dem jungen Mädchen, das diese Inspiration und diese Revolution befeuerte?

Sie ist etwa siebzehn Jahre alt, als ihr Weg den des großen Pablo Picasso kreuzt. Blond mit hellem Teint und blauen Augen, sportlich, heiter, nicht sonderlich am Lernen interessiert, unwissend in Sachen Malerei wie auch in vielen anderen Dingen. Ihr ist die Welt, in der der Künstler sich bewegt, völlig fremd. Mit seinen 45 Jahren gilt Picasso bereits als einer der größten Künstler des Jahrhunderts. Seit etwa zehn Jahren ist er mit Olga Chochlowa verheiratet, einer ehemaligen Tänzerin der Ballets Russes, die er 1917 in Rom kennengelernt und ein Jahr später geehelicht hat. Der gemeinsame Sohn Paulo wird bald sechs Jahre alt. Picasso war unglaublich verliebt in diese raffinierte Frau, die Muse, die ihm eine prächtige Rückkehr in den Klassizismus seiner Malerei bescherte. Ihr ist es außerdem gelungen, diesen Bohemien in einen Dandy zu verwandeln, ihn in die besseren Kreise der Pariser Gesellschaft einzuführen und sich selbst das Kostüm der perfekten Ehefrau eines reichen und berühmten Künstlers überzustülpen. Doch wie immer wird Picasso des Ganzen irgendwann überdrüssig.

Marie-Thérèse erlaubt ihm also, dem Familienleben, das ihn erdrückt, seiner Frau, die neuerdings kränkelt, ständig klagt und eifersüchtig ist, sowie seinem Status als großer Maler, der ihm so häufig alles vergällt, zu entkommen. Um bei Olga keinen Verdacht zu wecken, stellt er die junge Geliebte allerdings keinem seiner Freunde vor. Und auch wenn manchen die Initialen in den kubistischen Gemälden gegen Ende der Zwanzigerjahre auffallen, weiß doch niemand, dass die Buchstaben M und T dem kryptischen Eingeständnis einer heimlichen Leidenschaft gleichkommen.

Als Marie-Thérèse dann volljährig ist, ähneln die Porträts der jungen Muse immer mehr und werden immer eindeutiger. Nach der Geburt ihrer beider Tochter Maya im Jahr 1953 kennen die engsten Freunde ihren Namen schließlich. Während der deutschen Besetzung treffen manche in Royan oder im Atelier des Künstlers in der Rue des Grands-Augustins auf die junge Frau. Nach der Trennung von Olga teilt sich Picasso zwischen Marie-Thérèse und seiner neuesten Eroberung auf, der Fotografin Dora Maar. Aber jede hat ihren Platz: auf der einen Seite Marie-Thérèse und ihre Tochter, mit denen er heimlich die Wochenenden verbringt, auf der anderen Seite Dora, die offizielle Geliebte und seine Gefährtin bei gesellschaftlichen Anlässen. Als er sich später, im Jahr 1943, in die junge Françoise Gilot verliebt, verschwindet Marie-Thérèse, wie auch Dora Maar, von der Bildfläche … genauso unauffällig, wie sie einst aufgetaucht ist.

Fast musste man bis zum Tod des Malers im Jahr 1973 warten, bis sie endlich in Erscheinung trat und die zehnjährige Schaffensphase beleuchtete, deren Muse sie war.

Ihr Name, der in keinem der Gemäldetitel auftaucht, umreißt auf einmal eine ganze *Schaffensperiode*.

Doch während Dora Maar, Françoise Gilot oder Jacqueline Roque zu Dutzenden Werken und Dokumentarfilmen inspiriert haben, interessiert sich kaum jemand für Marie-Thérèse. Als ich mit diesen Nachforschungen anfing, musste ich mich mit sehr wenig begnügen: sehr schönen Ausstellungskatalogen[6], der Tatsache, dass dem Gegenstand meines Interesses in den Biografien des Malers nur eine bescheidene Statistenrolle zukam, der Beschreibung eines netten Mädchens, von manchen auf wenigen Seiten und mit spitzer, in Geringschätzung getauchter Feder hingeworfen. Der Surrealist Lord Penrose beschreibt sie als »von einer robusten Vulgarität«[7] und vertraut der Zeitschrift *Life* an, sie sei »die einzige wirklich nicht sonderlich intelligente Frau im Leben von Picasso« gewesen. Und wenn der britische Schriftsteller Patrick O'Brian sie als »eine vortreffliche, junge Frau«[8] wahrnimmt, so räumt er doch ein, dass sie die einzige Muse ist, über die er kaum Berichte findet.

Am wertvollsten ist da noch die Aussage von Maya, der einzigen Tochter von Marie-Thérèse Walter und Pablo Picasso, die inzwischen über achtzig Jahre alt ist. Ich hatte sie vor Jahren anlässlich einer Ausstellung im Grand Palais interviewt und als heitere, lebhafte, schelmische und überaus sympathische Frau in Erinnerung behalten. Doch mein erster Brief an sie blieb unbeantwortet. Ihre Tochter teilte mir mit, sie stelle selbst gerade ein Buch über die Großmutter zusammen und könne

mich nicht treffen. Ihre Brüder redeten sich mit derselben Entschuldigung heraus.

Ab und an beschleicht einen als Biografin das absurde
Gefühl, dass manche Protagonisten einem die Türen weit
öffnen, während andere sich entziehen oder sich gar ver-
barrikadieren. Marie-Thérèse, die so lange im Geheimen
gelebt hat, gehört natürlich dem Clan der Widerspensti-
gen an.

2

Nicht anerkannt

Der Zugang zu den Archiven gelingt da schon einfacher. Beim Schreiben meiner vorherigen Bücher hatte ich gelernt, die auf kommunaler wie auch auf departementaler Ebene vorhandenen digitalisierten Dokumentenbestände, die Personenstandsbücher und die alten Volkszählungen, via Internet zu durchforsten. Solche Nachforschungen können sich zu einem süchtig machenden, spielerischen, fast schon verwerflichen Vergnügen auswachsen. Ich kann unglaublich viel Zeit damit zubringen, ein Detail zu überprüfen, ein Datum, eine Adresse, auch wenn selbiges vielleicht ohne jede Bedeutung ist. Diese Reisen, ohne zu reisen, gleichen für mich einem bezaubernden Aus-der-Zeit-Fallen, einem Abtauchen, und erfüllen mich mit dem berauschenden Gefühl, im Stil einer Analystin der Spionageabwehr Ermittlungen anzustellen. Allerdings sind meine Verdächtigen nur Geister.

Meine Nachforschungen über Marie-Thérèse Walter beginnen also auf Seite 29 des Geburtsregisters der Jahre 1909–1911 der Gemeinde Le Perreux-sur-Marne.

»Eintrag Nummer 120: Im Jahr neunzehnhundertneun, am 14. Juli um 9.30 Uhr vormittags, Geburtsurkunde von Marie Thérèse Léontine Deslierres, weiblichen Geschlechts, geboren gestern um 12 Uhr in Perreux, Rue de Trianon, 2 (Villa des Lierres, 6), Tochter von namentlich nicht angegebenen Eltern. Ausgestellt von uns, Albert Lecocq, Standesbeamter der Gemeinde […] auf Präsentation des Kindes durch Jeanne Marie Antoinette Berté, Hebamme mit Wohnsitz in Perreux […], die bei der Geburt assistiert hat.«

Erstes Dokument, erste Überraschung: Bei ihrer Geburt hat Marie-Thérèse offiziell weder einen Vater noch eine Mutter. Wie einem Findelkind verpasst man ihr den erstbesten Namen, der einem einfällt: Deslierres, nach der Villa des Lierres, in der sie geboren wurde. Dabei ist diese Adresse der Hauptwohnsitz ihrer Mutter, die sie eigenartigerweise achtzehn Monate später doch anerkennt: Da wird in der Geburtsurkunde der Name Deslierres durchgestrichen und durch Walter ersetzt. Denn die Mutter von Marie-Thérèse heißt Émilie-Marguerite Walter.

Auch ihr bin ich gefolgt, habe in den Archiven nach ihrer Spur gesucht. Sie kommt 1871 als Tochter eines deutsch-französischen Paares in Paris zur Welt. Die Ehefrau ist Pariserin, ohne Beruf und stirbt, als Émilie-Marguerite gerade einmal dreizehn Jahre alt ist. Der Vater stammt ursprünglich aus Heidelberg (weshalb Walter auch deutsch ausgesprochen wird), führt eine Klempnerfirma und heiratet wieder, kaum dass seine erste Frau beerdigt ist. Émilie-Marguerite wächst in Paris auf und wird dann zu Ordensschwestern nach Deutschland ins Internat geschickt. Sie heiratet mit 19, lässt sich aber recht schnell scheiden; danach findet man sie eine Weile im Quartier de la Chapelle in Paris. Mit 38 Jahren ist sie schließlich mit Marie-Thérèse schwanger und zieht mit drei weiteren, ebenfalls unehelichen Kleinkindern allein nach Perreux-sur-Marne: Maurice ist sechs, Geneviève fünf und Jeanne drei Jahre alt. Fassen wir zusammen: eine wenig konventionelle Frau, alleinerziehende Mutter, ohne Beruf, ohne genau bestimmte Einkünfte.

Den Ältesten, Maurice, hat sie gleich bei der Geburt in Paris anerkannt, er trug sofort den Namen Walter. Die beiden Mädchen, die danach kamen, sind genau wie Marie-Thérèse »ohne Angabe von Mutter und Vater« zur Welt gekommen. Nach ein paar Monaten hat Émilie-Marguerite sie jedoch, vielleicht geplagt von Gewissensbissen, ebenfalls anerkannt. Somit scheint ihr Vorgehen bei der Jüngsten typisch für sie zu sein.

Allerdings ändern die beiden älteren Schwestern von Marie-Thérèse im Alter von 18 und 17 Jahren ihren Namen. 1923 wird im Rathaus des XX. Arrondissements von Paris ein Mann vorstellig und will die beiden als seine Töchter anerkennen. Sein Name ist Eugène-Élie Valroff. Ab diesem Tag heißen sie also offiziell Geneviève und Jeanne Valroff. Marie-Thérèse und Maurice hingegen tragen weiterhin den Namen Walter.

Noch überraschender: Der Mann, der Geneviève und Jeanne so spät anerkennt, ist gar nicht ihr tatsächlicher Vater. Diana Widmaier Picasso, die Enkelin von Marie-Thérèse, hat den richtigen Namen des biologischen Vaters der vier Kinder in mehreren Texten genannt: Er heißt sehr wohl Valroff, doch sein Vorname lautet Léon.

Ich habe ihn in den Archiven von Val d'Oise und auf Seiten zur Ahnenforschung wiedergefunden: Firmenchef, Oberschicht, schwedischer Herkunft, ansässig bei Saint-Leu-la-Forêt, verheiratet, vier Kinder.

1923 haben sich Léons Lebensumstände verändert: Er ist sechzig Jahre alt und hat gerade seine Frau verloren. Offenbar fühlt er sich freier, verspürt aber gleichzeitig den Drang, die Situation seiner unehelichen Kinder zu klären. Um zu verhindern, dass seine Familie und sein Ruf ruiniert werden, bittet er einen Cousin, Eugène-Élie Valroff, zwei Töchter von Émilie-Marguerite an seiner Stelle anzuerkennen. Zum Ausgleich wird diesem wahrscheinlich ein Dienst erwiesen, oder er erhält eine gewisse Summe Geld. Warum aber nur zwei? Man stelle sich die Enttäuschung und das Unverständnis von Marie-Thérèse und ihrem Bruder vor, schließlich kennen sie diesen Vater, der sie nicht anerkennt, ebenso gut wie ihre Schwestern.

Vielleicht hat er versprochen, dass auch sie noch an die Reihe kommen. Oder aber der Cousin hat sich geweigert, mehr als zwei Kinder zu akzeptieren. Léon hat jedenfalls die intelligentesten ausgewählt, jene, auf die er so stolz ist, Abiturientinnen und angehende Medizinstudentinnen, was in den Zwanzigerjahren eine außergewöhnliche Laufbahn war.

Dennoch vernachlässigt er Marie-Thérèse nicht. Seine Geschäfte führen ihn häufig in die Schweiz und nach Deutschland. Zudem hat er in Wiesbaden in Immobilien investiert, und als Marie-Thérèse 1922 im Alter von dreizehn Jahren dorthin aufs Internat geschickt wird, ist es Léon Valroff, der sie begleitet, ehe ihre Mutter, Émilie-

Marguerite, sich ebenfalls dort niederlässt. In Wiesbaden, einer hübschen Thermalstadt am Ufer des Rheins, die auch »Nizza des Nordens« genannt wird, ganz in der Nähe von Heidelberg, der Heimat der Familie Walter.

Der einzige Hinweis auf diesen Aufenthalt in Deutschland ist ein Porträt von Marie-Thérèse vom 20. Oktober 1922. Sie posiert vor einer großen Fotoleinwand, auf die der Fotograf einen Tempel nach griechischem Vorbild aufgezogen hat: den Monopteros von Neroberg, errichtet auf den Höhen von Wiesbaden. Marie-Thérèse ist blond, hat helle Augen, trägt einen Pagenschnitt und einen Glockenhut mit breitem Rand, dazu eine eher brave Schülerinnentracht, eine Medaille um den Hals, eine ziemlich originelle achteckige Armbanduhr und hübsche gewachste Stiefel. Es ist das Porträt eines etwas schüchternen, aber fröhlichen, gut genährten und gut gekleideten Teenagers.

Wie lange sie in Deutschland gelebt hat, lässt sich schwer sagen, doch es ist anzunehmen, dass es drei Jahre waren. Als sie zurückkehrt, ist aus dem kleinen Mädchen eine junge Erwachsene geworden. Mit ihren sechzehn Jahren ist sie nicht so schlank wie ihre Schwestern, dafür aber athletischer, ihr Körper ist vom Sport geformt, dem sie in Deutschland mehr als zuvor in Frankreich nachgegangen ist. Anscheinend hat sie im Einer und im Schwimmen sogar Wettkämpfe gewonnen. Ihre schulischen Leistungen sind im Gegensatz dazu – und zu denen ihrer Schwestern – nicht brillant; Fortschritte hat sie nur in Deutsch gemacht. Da aber auch sie einen Beruf ergreifen muss, sieht ihre Mutter sie als Sekretärin und schreibt sie in einer entsprechenden Schule ein, damit sie Steno lernt.

Nach Marie-Thérèses Rückkehr aus Wiesbaden ziehen sie nach Maisons-Alfort, in ein kleines Haus, das Madame Walter von ihrem Vater geerbt hat. Auf den Fotos wirkt es einfach, aber adrett, es steht in einer blühenden Straße, die zur Marne führt. Und Paris ist nicht weit weg, man braucht nur in den Zug zu steigen.

Ich habe versucht, dieses Haus ausfindig zu machen. Leider ist die Straße in den Neunzigerjahren verschwunden, um einem Bürogebäude Platz zu machen. Die Zeitung *L'Humanité* hat damals von einer Mobilmachung der Anwohner berichtet, die das »Liebesnest von Marie-Thérèse und Picasso« retten wollten. Laut den damals veröffentlichten Artikeln soll der Maler in einem Taubenschlag im hinteren Teil des Gartens ein Atelier eingerichtet und dort insbesondere das berühmte Gemälde *L'Atelier de la modiste* (*Das Atelier der Hutmacherin*) geschaffen haben.

Dieses bedeutende Werk gehört heute zur Sammlung des Centre Pompidou. Nach offiziellen Angaben ist es aber nicht in Maisons-Alfort entstanden, sondern in der Rue La Boétie, und es datiert vom Januar 1926 ... das wäre ein Jahr vor dem gemeinhin anerkannten Kennenlernen von Picasso und Marie-Thérèse.

Vielleicht handelt es sich um einen Irrtum der Zeitung, doch angesichts dieser Ungereimtheit musste ich an meine Leserin und ihre komplizierte Geschichte über »widersprüchliche Datumsangaben« denken, mit der sie versucht hatte, mich für Marie-Thérèse zu gewinnen.

3

Siebzehn Jahre später

Niemals hat Picasso die Umstände seines Zusammentreffens mit Marie-Thérèse öffentlich erwähnt, genauso wenig, wie er das bei seinen anderen Gefährtinnen getan hat. Schamhaft, was seine Privatsphäre betrifft, befand er, »das Werk, das man hervorbringt, ist ein Weg, um Tagebuch zu führen«[9]. Somit mussten sich seine ersten Biografen damit begnügen, seine Gemälde zu betrachten, um über den Daumen gepeilt zu schätzen, dass diese junge Blondine wohl gegen 1931 in sein Leben getreten war.

Weitere dreißig Jahre mussten vergehen, ehe ihr Name zum ersten Mal genannt wurde, das war 1957.[10] Und dann noch einmal acht Jahre, bis Françoise Gilot (Picassos Gefährtin von 1943–1953, Mutter von Claude und Paloma Picasso) in einem Buch, das einen Skandal auslöste, enthüllte, dass Picasso Marie-Thérèse »auf der Straße in der Nähe der Galeries Lafayette getroffen [habe], als sie siebzehn Jahre alt war«[11]. Zu Beginn der Siebzigerjahre hat dann diejenige, um die sich hier alles dreht, ihre Version der Geschichte erzählt.

In nur drei Interviews: einem ersten, sehr kurzen in der Zeitschrift *Life*, einem zweiten mit Lydia Gasman, einer amerikanischen Akademikerin, die an einer Doktorarbeit über Picasso arbeitete, und in dem für France Culture aufgezeichneten Interview mit dem großen französischen Kunstkritiker Pierre Cabanne. Die Wortwahl ist weitestgehend immer dieselbe: Sie habe in den Galeries Lafayette einen Bubikragen kaufen wollen, als Picasso sie auf der Straße angesprochen und gesagt habe, er wolle ihr Porträt malen.

Nur das Datum variiert leicht: Gegenüber der Journalistin von *Life*[12] spricht sie vom 8. Januar 1927, bei Lydia Gasman[13] nennt sie den 11. Januar, bei France Culture gibt sie wieder den 8. Januar an: »Ich war etwas über siebzehn Jahre alt […] Es war besagter Samstag, der 8. …« Ihr Ton, die Selbstgewissheit, mit der sie das sagt, stellt es als solch unumstößliche Wahrheit dar, dass die Frage für die meisten Spezialisten seitdem geregelt ist.

Am 8. Januar 1927 schlendert Picasso also untätig vor den Galeries Lafayette herum, ganz im Stil seiner neuen Surrealistenfreunde, die das Finden der Amour fou dem Zufall überlassen, wie es etwa bei Breton und seiner Nadja der Fall war. Genau dort spricht übrigens auch Paul Éluard 1930 Nush an.

Marie-Thérèse unterstreicht, dass es »sechs Uhr abends« gewesen sei, als sie aus der Metro kam, und betont dabei jede einzelne Silbe …

»Das macht mich ganz wuschig«, hätte meine Mutter dazu gesagt. Am Samstag, den 8. Januar 1927, ist die Sonne in Paris um 16.07 Uhr untergegangen. Um »sechs Uhr abends« ist es also schon stockdunkel, und das große Kaufhaus schließt bald. Es scheint ziemlich eigenartig, dass ein junges Mädchen so spät allein auf dem Boulevard Haussmann unterwegs sein soll. Umso mehr, als sie danach zur Gare de Lyon muss, um in den Zug nach Maisons-Alfort zu steigen, wo sie dann wiederum gut zehn Minuten zu Fuß durch einen sehr dunklen Vorort gehen muss.

In einem Picasso gewidmeten Dokumentarfilm[14] schildert ihre Tochter Maya einen etwas anderen Ablauf. Maya zufolge entdeckt ihr Vater ihre Mutter nicht am Ausgang der Metro, sondern hinter den Scheiben des Kaufhauses. Marie-Thérèse ist bereits im Inneren, damit beschäftigt, nach ihrem Bubikragen zu suchen. Überwältigt von dieser jungen Blondine mit dem perfekten griechischen Profil, folgt Picasso ihr mit Blicken und wartet am Ausgang auf sie. Es muss »sechs Uhr abends« sein, sie ist noch allein, in der Kälte und bei Nacht. Er hält sie am Arm fest. »Er hat mir ein schönes Lächeln geschenkt. Er hat mich angesehen, und dann hat er gesagt: ›Mademoiselle, Sie haben ein interessantes Gesicht, ich würde gern Ihr Porträt malen!‹«

Aus Höflichkeit oder um sie zu beruhigen, fügt er noch hinzu, dass er Picasso heiße. Leider kennt sich das Mädchen mit Malerei nicht aus, liest keine Zeitung und hat noch nie von ihm gehört. Das überrascht nicht sonderlich, Frankreich hat länger gebraucht als die Amerikaner oder die Russen, um Picasso anzuerkennen. Tatsächlich spaziert er mit einem großen, ihm gewidmeten Kunstband unter dem Arm herum, »auf Chinesisch oder Japanisch« … Marie-Thérèse erinnert sich nicht mehr genau.

An die Farbe seiner Krawatte kann sie sich hingegen besser erinnern, »aus roter und schwarzer Seide«, wie auch an die genaue Uhrzeit des Rendezvous, das er ihr vorschlägt: »Nächsten Montag um elf Uhr morgens an der Metro Saint-Lazare.«

Montag, 10. Januar 1927. Zur vereinbarten Stunde trifft sie ganz unschuldig ein. Es ist ein schöner Wintertag, mild und sonnig. Wieder lächelt Picasso, lädt sie erst auf einen Kaffee, dann zum Mittagessen ein. »Wir werden gemeinsam Großes machen«, verspricht er, und dann schleppt er sie mit in sein Atelier, das nur zehn Minuten Fußweg entfernt ist. Er ist so nett, dass sie sich nicht traut, Nein zu sagen. Und plötzlich ist sie mit diesem Unbekannten allein in einer großen Wohnung. Holztäfelungen, Kamine, Zierleisten; die Räume müssen prunkvoll gewesen sein, ehe dieses unbeschreibliche Durcheinander mit den ausgehängten Türen aus ihnen wurde. Eingeschüchtert und verunsichert, wie sie ist, wagt Marie-Thérèse es nicht, sich die an den Wänden hintereinander aufgereihten Gemälde anzusehen. Er wiederum betrachtet sie von allen Seiten. Er redet wenig, mit ruhiger Stimme, und vermeidet jede abrupte oder taktlose Geste. Er lässt sie sich um die eigene Achse drehen, studiert ihre Silhouette, ihr Gesicht, ihr Profil. Er macht ihr Komplimente zu ihrer perfekten griechischen Nase. Das passiert ihr tatsächlich zum ersten Mal … Sie lässt all das einfach geschehen, ohne zu wissen, dass sie bei einem der weltweit berühmtesten Maler gelandet ist. »Ach, mich hat einfach nur seine Krawatte interessiert«, antwortet sie Pierre Cabanne lachend …

Ihr 65. Geburtstag steht kurz bevor, als sie dem Kunsthistoriker dieses einmalige, bewegende und leicht irritierende Interview gewährt, von dem sich relativ einfach im Internet eine gekürzte Fassung finden lässt und das unlängst erneut auf France Culture ausgestrahlt wurde. Pierre Cabanne hat es außerdem in der mehrbändigen Picasso gewidmeten Biografie zusammengefasst[15] und in einem Artikel des Kunstmagazins *L'ŒIL*[16] veröffentlicht. Doch meine Freundin Hélène, eine ausgezeichnete Dokumentarin, hat das vollständige Interview der Sendung von 1974 in den Archiven der INA für mich ausgegraben: eine fünfzigminütige Originalversion, aus der keine unbeholfenen Stellen, kein Zögern und auch keine später von Marie-Thérèse als belanglos erachteten Aussagen herausgeschnitten sind.

Das erste Anhören war verblüffend … Die Worte sprudeln nur so aus ihr heraus, nicht immer passend oder im beabsichtigten Sinn. Sie überbetont ihre gute Laune, kokettiert, um möglichst entspannt zu erscheinen, spricht mit hoher Stimme, die sich ab und an grundlos noch weiter nach oben schraubt. Wenn man es sich allerdings recht überlegt, dann spricht sie eher wie ein Kind, als wäre sie nicht erwachsen geworden, sondern in dem Alter stecken geblieben, in dem sie war, als Picasso sie geliebt hat. Der Kunsthistoriker interviewt sie auch nicht wie eine Erwachsene: Er spricht sehr sanft, um ihr Vertrauen zu gewinnen, gebraucht keine allzu komplizierten Wörter. Ein paar wenige Fragen bringen sie durcheinander. Einmal hört man sie ein »Lassen Sie mich doch in Ruhe« flüstern, wie ein verängstigtes kleines Mädchen. Doch sehr schnell fasst sie sich wieder, verfällt erneut in ihren fröhlichen Ton und enthüllt innerhalb weniger als einer Stunde die unaufgeregte intime Seite eines Genies, das sich heimlich bei einem jungen, anspruchslosen Mädchen ausruht. Dieser Aufzeichnung, die ich mir beim kleinsten Zweifel über Monate hinweg immer wieder angehört habe, wohnt die Stärke und die Zerbrechlichkeit ihres Wesens inne. Aber eine andere gibt es nun einmal nicht!

Nach diesem ersten Rendezvous hätten sie sich jeden Tag gesehen, erzählt Marie-Thérèse. Damit ihre Mutter sie in Ruhe ließ, habe sie ihr weisgemacht, sie würde Freundinnen treffen oder arbeiten. Der Maler bezahlt sie wohl dafür, für ihn Modell zu sitzen, damit sie ein Einkommen vorweisen kann.

Nach wie vielen Sitzungen ist sie zu seiner Geliebten geworden?

1968 vertraut sie dem Journalisten der amerikanischen Zeitschrift *Life* an, sie habe sechs Monate und den Tag ihres achtzehnten Geburtstags abgewartet, ehe sie den Annäherungsversuchen nachgegeben habe. Als ob es so angemessener gewesen wäre …

Doch 1971, fest entschlossen, der amerikanischen Akademikerin Lydia Gasman, der es gelungen ist, ihr Vertrauen zu erlangen, »endlich alles zu erzählen«, räumt sie ein, dass sie nicht einmal eine Woche widerstehen konnte! »Hat er Sie mit seiner Kunst bezaubert?«, fragt Pierre Cabanne. Da sie eine Anzüglichkeit vermutet, lacht sie schallend auf. Ernster sagt sie dann: »Ich werde nicht sagen, dass er Sexappeal besaß, wie man das heutzutage nennt. Aber bezaubern, das konnte er!«

Mirada fuerte! Die andalusische Formulierung, die John Richardson verwendet, scheint da schon treffender. Ein durchdringender, fesselnder, verstörender, hypnotisierender Blick, der einem das Gefühl gibt, bis ins Innerste durchbohrt zu werden. »Wenn ein Andalusier etwas ansieht, dann packt er es regelrecht«, erklärt auch der Soziologe David D. Gilmore. »Seine Augen sind wie Finger, die etwas festhalten …«[17] Marie-Thérèse ist in seinen Fängen.

4

Das Geheimnis

Picasso and Marie-Thérèse Walter. 1925–1927.[18] Die Verantwortliche der Dokumentation des Pariser Picasso-Museums legt das schwarze Buch mit dem weichen Einband auf den Tisch, an den sie mich geführt hat, und sagt: »Das hier könnte Sie interessieren.«

Allerdings ist der Autor Herbert T. Schwarz weit davon entfernt, dem Serail der modernen Kunst anzugehören. Dieser Arzt englischer Herkunft ist ein absoluter Autodidakt, der sich, unter anderem, für Picasso begeisterte. In den Siebziger- und Achtzigerjahren lebte er zwischen Montreal, wo er einen Antiquitätenladen eröffnet hatte, Saudi-Arabien, wo er manchmal hinflog, um einen Emir zu behandeln, und einem kanadischen Dorf mit einem unaussprechlichen Inuit-Namen, ganz im Norden der Nordwest-Territorien. Man muss das schon wollen: in Tuktoyaktuk leben, einem kleinen Hafen mit dreihundert Einwohnern, jenseits des arktischen Kreises, wo die Temperatur im Winter unter fünfzig Grad sinken kann.

Schwarz behandelte dort die Inuit. Im Gegenzug lehrten die Schamanen ihn eine Art Akupunktur. Er betätigte sich etwas im Handel mit Pelzen und Inuit-Kunst, und während seiner langen Winterabende studierte er das Leben und Werk von Picasso.

So zusammengefasst stellt man ihn sich als leicht verschrobenen Abenteurer vor. Seine Schlussfolgerungen werden jedoch von den bedeutendsten Namen aus der Welt der modernen Kunst zitiert, etwa von William Rubin, dem ehemaligen Chefkurator für Malerei des MoMA in New York, oder dem großen Kunsthistoriker Robert Rosenblum. Auch Schwarz ist es gelungen, Marie-Thérèse zu treffen, und zwar ein Jahr nach Picassos Tod. Zu einem späteren Zeitpunkt hat er es auch geschafft, dessen Witwe für sich einzunehmen: 1983 hat die für gewöhnlich so misstrauische Jacqueline Picasso ihm tatsächlich die Archive des verstorbenen Malers geöffnet.

Als ich sein Buch entdeckte, fiel mir wieder ein, dass es in den persönlichen Archiven von Dora Maar mehrere Briefe eines kanadischen Arztes gab. Ich fand sogar die Fotos wieder, die ich damals davon gemacht hatte. Dieser Mann gab vor, ihr einen mit ihrem Namen versehenen Umschlag überreichen zu wollen, der bei Picasso gefunden worden war. Dora Maar hat nicht darauf reagiert. Einer amerikanischen Kunsthistorikerin[19] hat er später erzählt, dass der Umschlag einen Siegelring mit den Buchstaben P und D (für Picasso und Dora) enthalten habe und dass im Inneren des Rings ein kleiner Stahldorn angebracht gewesen sei, der diejenige, die ihn sich über den Finger streifte, unweigerlich verletzt hätte.

Angesichts der sadomasochistischen Beziehung zwischen Picasso und Dora Maar erschien mir die Existenz dieses Rings weniger überraschend als die Gegenwart eines kanadischen Arztes, der bei dem verstorbenen Maler herumstreift und ungehindert dessen Schubladen aufzieht. Ich habe es überprüft, es handelte sich um Schwarz ...

Kommen wir jedoch auf das Buch von Doktor Schwarz zurück. Der Ausgangspunkt seiner Nachforschungen über Picasso ist eine Tuschezeichnung, die er 1986 in Montreal entdeckte. Das Modell, *La jeune fille assise (Das junge sitzende Mädchen)* sieht Marie-Thérèse zum Verwechseln ähnlich, doch die Zeichnung stammt aus dem Jahr 1926, dabei soll der Maler das Mädchen erst ein Jahr später kennengelernt haben ...

Hat er sie also verführt, als sie erst sechzehn und nicht bereits siebzehn Jahre alt war? Haben sie beide hartnäckig versucht, diese Beziehung, von der sie wussten, dass sie unmoralisch war, geheim zu halten, indem sie das Datum fälschten? So lautet die Hypothese von Schwarz.

Von da ausgehend untersucht er die Zeichnungen und Hefte des Malers aus jener Schaffensperiode und entdeckt auf noch älteren Gemälden ähnliche Porträts. Beharrlich verfolgt er die Initialen M und T in den kubistischen Gemälden und setzt seine Nachforschungen in Frankreich fort, wo er schließlich eine der Schwestern von Marie-Thérèse ausfindig macht.

Er nennt keinen Namen, aber es ist offensichtlich, dass es sich um die jüngste handelt: Jeanne, Ärztin im Ruhestand, eine alte Dame mit blauen Augen, noch immer schön, schlank, lächelnd. So von Ärztin zu Arzt hat sie Vertrauen; zum ersten Mal willigt sie – unter der ausdrücklichen Bedingung, dass er ihren Namen nicht nennt – ein, über ihre Schwester und Picasso zu sprechen. Beide sind vor über zehn Jahren verstorben.

Jeanne erzählt Schwarz, sie erinnere sich sehr gut an den Tag, als Picasso in das Leben ihrer jüngeren Schwester und schließlich in das der ganzen Familie getreten sei. Sie erinnere sich umso mehr, als sie dabei gewesen sei, sagt sie, an jenem Tag in den Galeries Lafayette. Marie-Thérèse war um sechs Uhr abends also nicht allein …

Jeanne gesteht, nach so vielen Jahren kein genaues Datum nennen zu können, scheint jedoch sicher zu sein, dass diese Begegnung vor 1927 stattgefunden hat. Sie behauptet sogar, Marie-Thérèse diese Lüge zu einem späteren Zeitpunkt vorgeworfen zu haben, weil sie keinen Sinn mehr ergab. Genau das, was Schwarz hören wollte!

In jenem Jahr ist Jeanne, genau wie Geneviève, die ältere Schwester, Medizinstudentin. Um keine Zeit in den öffentlichen Verkehrsmitteln zu vergeuden, wohnt sie bei Cousins im Zentrum von Paris.

An besagtem Tag sei sie mit ihrer kleinen Schwester in die Galeries Lafayette gegangen. Es sei ungefähr »sechs Uhr abends« gewesen, als sie, nach dem Kauf des Bubikragens, wieder aus dem großen Kaufhaus herausgekommen seien. Dann, erzählt Jeanne, habe sie Marie-Thérèse wie gewöhnlich zur »Gare Saint-Lazare« begleitet, von wo sie den Zug nach Maisons-Alfort nehmen musste.

Manche Details scheinen unbedeutend, bis einem eines Tages ihre Ungereimtheit ins Auge springt: Die Züge, die an der Gare Saint-Lazare abfahren, haben noch nie Maisons-Alfort bedient! Was beweisen würde, dass dieses Ereignis stattgefunden haben muss, ehe Marie-Thérèse und ihre Mutter sich am Ufer der Marne niedergelassen haben. Oder aber der anglophone Arzt hat den Bahnhof mit der Metrohaltestelle verwechselt.

Unterwegs fällt den beiden Schwestern *ein alter Mann* auf, der ihnen mit etwas Abstand folgt. Und sie amüsieren sich darüber. Wie immer zieht sich ihre Verabschiedung in die Länge, sie prusten los, küssen einander schließlich auf die Wange, umarmen sich. Jeanne zufolge beobachtet Picasso sie verborgen hinter einer Zeitung, in die ein kleines Loch gebohrt ist; er will sehen, ohne selbst gesehen zu werden. Der Zug oder die Metro wird nicht mehr lange auf sich warten lassen, Jeanne sagt sich, dass auch sie nach Hause muss, und Marie-Thérèse bleibt allein auf dem Bahnsteig zurück.

Das ist der Moment, den »der alte Mann« wählt, um sie anzusprechen: Er stellt sich freundlich vor, sagt, er sei Maler und wolle sie porträtieren. Misstrauisch wendet sich das Mädchen ab, will gehen. Picasso hält sie am Arm zurück, sieht sie unumwunden an und kündigt an, dass er jeden Abend um achtzehn Uhr an dieser Stelle auf sie warten werde, bis sie sich entschieden habe.

Jeanne erinnert sich, dass Marie-Thérèse nicht sofort eine Entscheidung fällt. Über mehrere Tage hinweg amüsieren sich die Schwestern, indem sie herkommen und »dem alten Mann« nachspionieren. Und tatsächlich, er ist jeden Abend da, wie versprochen, immer um achtzehn Uhr, immer auf derselben Bank, zeitunglesend. Letztlich meint die Studentin, die neugieriger ist, ihre

Schwester überzeugt zu haben: »Nun geh schon, rede mit ihm!« Also geht Marie-Thérèse auf ihn zu … Bestimmt, weil sie Jeanne beeindrucken, ihr beweisen will, dass sie dazu in der Lage ist. Jeanne, die intelligentere, lebhaftere, gewandter mit Worten wie auch mit allem anderen, die sich so oft über ihre kleine, tollpatschige Schwester lustig macht.

Die alte Dame muss Doktor Schwarz, den sie zu einem langen Besuch bei sich in der Champagne empfangen hat, noch weitere Details erzählt haben, doch in dem Buch hört ihr Bericht hier auf … Der kanadische Arzt ist vor über zwanzig Jahren verstorben, und Jeanne 2003 im Alter von 99 Jahren.

Im Telefonbuch habe ich nur einen ihrer Söhne gefunden, doch er hat auf keinen meiner Briefe reagiert. Im Internet finde ich einen Freund des kanadischen Arztes: Luc Archambault, ein berühmter Maler in Quebec, der ihn 1983 nach Vallauris begleitet hat, wo er zum Gedenken an Picasso ein Buch drucken ließ und dessen Witwe einen Besuch abstattete.

Schwarz hatte Jacqueline auf seiner Reise ein Jahr zuvor kennengelernt. Da hatte er sich ganz unverfroren mit seiner Frau und seinem Kind bei ihr eingeladen. Sie habe sich bereit erklärt, das Vorwort zu seinem Buch zu verfassen, und ihm eine signierte Grafik geschenkt. Wie soll man glauben, dass er das Versprechen auf ein Vorwort und ein Geschenk von solchem Wert erhalten hat, wo doch so vielen anderen, bekannteren Menschen die Tür vor der Nase zugeknallt worden war? »Genau das war das Talent von Herbert«, erinnert sich Luc Archambault:

»Sein Charme, seine Sanftheit, seine Beharrlichkeit. Und vom Aussehen her ähnelte er Picasso etwas.« Ich habe das überprüft: das gleiche runde Gesicht, die gleiche Kahlköpfigkeit, fast die gleiche Größe und der gleiche Altersunterschied zu seiner jungen Frau wie bei Picasso und Jacqueline. Das hat sie wohl weich gestimmt.

Luc Archambault hat versucht, mich mit der Witwe von Doktor Schwarz in Kontakt zu bringen, und nach ein paar E-Mails hat sie mir schließlich geantwortet. Allerdings nur, um die Geschichte um den Ring von Dora Maar, auf die ich mich in meiner ersten E-Mail bezogen hatte, für falsch zu erklären. Ich versuchte zwar ihr zu erläutern, dass es mir nicht mehr um dieses Detail gehe, da ich inzwischen über Marie-Thérèse forschte, doch sie hat keine meiner E-Mails mehr beantwortet. Somit werde ich also nie wissen, ob Herbert Schwarz die nicht verwerteten Notizen seiner Unterhaltungen mit Jeanne aufbewahrt hat. Eine weitere Spur, die im Sand verläuft. Marie-Thérèse bleibt widerspenstig.

5

PPMTW

1926 oder 1927? Ich sollte diese Geschichte mit dem Datum, von der ich allmählich besessen bin, besser vergessen. Genau wie Doktor Schwarz habe auch ich angefangen, in den kubistischen Gemälden nach den Buchstaben M und T zu suchen, wie ein Kind, das in Martin Handforts *Wo ist Walter?*-Comics nach Walter sucht.

Häufig denke ich an meine Leserin. »Bei dieser Geschichte gibt es Unstimmigkeiten«, hatte sie gesagt ... Es war mir unmöglich, den Prospekt wiederzufinden, auf dem sie ihre E-Mail-Adresse notiert hatte. Aus Verzweiflung bummelte ich durch die Buchhandlung, in der wir uns kennengelernt hatten. Natürlich ohne Erfolg. Schließlich erschien es mir sinnvoller, mich mit der Dokumentation im Pariser Picasso-Museum zu befassen.

Während die Intuition von Herbert Schwarz von großen Kunsthistorikern für gültig erklärt wird, widerspricht John Richardson, der Referenzbiograf[20], hier ganz energisch. Zwar räumt er ein, dass manche Zeichnungen von vor 1927 an Marie-Thérèse denken lassen, doch er sieht darin nur Zufall, keine Vorahnung. Außerdem verdächtigt er Jeanne sogar, dass sie »ihrer Schwes-

41

ter etwas von deren Berühmtheit stehlen wollte«. Dabei hat sie Schwarz gegenüber darauf bestanden, anonym zu bleiben ...

Pierre Daix'[21] Verwunderung ist da schon größer, und er gibt zu, dass ihn das Buch von Schwarz verwirrt habe, umso mehr, als er seinerseits eine in ein Stillleben geschnittene Silhouette von Marie-Thérèse entdeckt hat. Am Ende lässt er sich aber von den Dokumenten überzeugen, die Diana Widmaier Picasso, die Enkelin von Picasso, veröffentlicht hat: ein Foto, eine Zeichnung und eine Agenda, ausgegraben aus den Familienarchiven, die beweisen sollen, dass die junge Muse durchaus siebzehneinhalb Jahre alt war, als sie den Maler kennenlernte![22]

Auf dem Foto ist das Wohnzimmer des Hauses in Maisons-Alfort zu sehen, und Marie-Thérèse hat auf der Rückseite ganz rätselhaft naiv »*PPMTW*. Kennengelernt am Samstag, 8. Januar 1927« notiert. Die Zeichnung zeigt ein Herz, durchbohrt von einem Pfeil in grüner Tinte, an dem sie handschriftlich die Jahre 1927 bis 1933 aufgeführt hat. Der Kalender ist von 1927 und steckt in einer Hermès-Hülle aus rotem Leder (sehr ähnlich der für den Kalender von Dora Maar, die mich zu meiner letzten Biografie inspirierte). Marie-Thérèse hat ihn gewissenhaft aufbewahrt und ein loses Blatt mit einem Selbstporträt von Picasso sowie eine Haarsträhne dazugesteckt.

Diana Widmaier Picasso erzählt außerdem, sie habe auch Geneviève kennengelernt, die andere Schwester von Marie-Thérèse, wenige Jahre vor ihrem Tod, und sie habe ein Kennenlernen im Jahr 1927 bestätigt.

Und dann wieder Picasso, der erneut die Spuren verwischt. In einem Gedicht vom 11. Januar 1936 schreibt er: »Heute ist der Jahrestag dieser Liebe, die inzwischen mein Leben ist, jetzt, wo es sechs Uhr und vier Minuten am 11. Januar XXXVI[23] ist.« Hier ist nicht mehr die Rede von einem »besagten Samstag, den 8.«, sondern einfach von einem Dienstag, den 11. … Ohne Hinweis darauf, ob er den neunten oder den zehnten Jahrestag feiert!

Die Briefe und Argumente der einen und der anderen beweisen vor allem, dass es den beiden gelungen ist, um ihr Geheimnis die stärkste aller Festungen zu errichten.

»Die ›objektive Wirklichkeit‹ sollte man wie ein Bettlaken sorgfältig zusammenfalten und in einem Wandschrank einschließen, ein für allemal …«[24], hat Picasso zu Brassaï gesagt.

In diesem Moment weiß ich nicht einmal, ob dieser Schrank überhaupt irgendwo existiert.

6

Gezähmt

Sie war also sechzehn oder siebzehn Jahre alt. Und rechtmäßig ändert das rein gar nichts, denn die sexuelle Mündigkeit lag damals bei dreizehn Jahren und die Volljährigkeit bei einundzwanzig Jahren. »Marie-Thérèse Walter ist nicht mehr betroffen von der Kriminalisierung des Geschlechtsverkehrs zwischen einem Erwachsenen und einer Minderjährigen«, erklärte mir die Historikerin Anne-Claude Ambroise-Rendu. »Picasso hätte nur wegen der Entführung einer Minderjährigen verfolgt werden können, was etwas ganz anderes ist, aber bis zum einundzwanzigsten Lebensjahr des jungen Mädchens möglich gewesen wäre.« Außerdem hätte die Familie dazu klagen müssen.

Was Olga betrifft – ob Marie-Thérèse nun sechzehn oder siebzehn Jahre alt ist, sollte sie davon erfahren, so wäre das Ausmaß ihrer Wut dasselbe.

Auch das Alter von Picasso ist unwichtig: vierundvierzig oder fünfundvierzig Jahre. In der Blase, die er um Marie-Thérèse erschaffen hat, ist er wieder zu Pablo Ruiz geworden, einem jungen Mann, verliebt in ein unschuldiges, unbedarftes Mädchen, das sich nicht sonderlich ziert.

Während der ersten Tage muss sie sich erst noch zurechtfinden und lernen, wie man posiert. Statt einen Stenokurs zu absolvieren, trifft sie sich am frühen Nachmittag mit dem Maler in dessen Atelier. Dazu muss sie nur die Hintertreppe nehmen, um nicht auf Olga zu treffen. Und sobald sie im vierten Stock ist, erkennt er sie anhand ihrer verstohlenen Art anzuklopfen.

Er dirigiert sie auf einen alten Stuhl im größten Zimmer, bestimmt das ehemalige Wohnzimmer. Sie sitzt immer auf demselben Stuhl, es gibt nur wenige Möbel in dieser Wohnung, die Brassaï als »ein heilloses Durcheinander«[25] beschreibt. Er stellt sich vor ihr auf, steht hinter der Staffelei, schweigt, fährt fort, zunächst eher klassische Skizzen anzufertigen, die heute vielfach denselben Titel tragen: *Jeune fille assise (Junges sitzendes Mädchen)* oder *Buste de jeune fille (Büste eines jungen Mädchens).*

Beeindruckt oder gleichgültig, noch immer sieht sie sich die an der Wand lehnenden Bilder nicht an, verweilt auch nicht bei den verschiedenartigen Gegenständen, die im Atelier herumstehen. Was sollte sie auch dazu sagen?

Es ist das erste Mal, dass sie einem Maler Modell sitzt. Wie beim Fotografen ist sie bemüht, sich nicht zu bewegen. Er redet nicht viel, und da sie wohl fürchtet, etwas Dummes von sich zu geben, beantwortet sie seine seltenen Fragen vermutlich recht einsilbig. Sie hat nicht unbedingt Angst, sonst würde sie gehen, doch sie war noch nie so lange allein mit einem Mann, einem Unbekannten, einem »alten Monsieur«, wie sie zu Beginn sagte. Was ihr vor allem Sorge bereitet, ist die Wut ihrer Mutter, sollte diese erfahren, dass sie ihre teuren Kurse schwänzt. Sobald die Sitzung vorüber ist, zieht sie ihren Mantel an, setzt den Hut auf, sagt: »Au revoir Monsieur«, und geht schnurstracks zur Metro.

Mit jedem Tag wird sie mutiger. Sie lächelt mehr und vertraut ihm das eine oder andere an, während sie die Kuchen verschlingt, die er für sie kauft. Sie gesteht ihm, dass sie die Schule hasst und nur dorthin geht, um ihrer Mutter eine Freude zu machen. Er erinnert sich daran, dass auch er ein schlechter Schüler war, vor allem in Mathematik. »Eins und eins ist zwei, zwei und eins ... und so weiter. Das wollte mir nie in den Kopf.«[26] Um sie zu umgarnen, albert er herum, macht einen auf verdutzten Faulpelz, reißt die schwarzen Augen auf, und sie prustet los. Häufig bringt auch sie ihn zum Lachen, ohne zwingend zu verstehen, weshalb. Und sie hat immer Angst, er könnte sich über sie lustig machen. Aber nein, er ist verzaubert, verwirrt von ihrer Anmut, ihren noch kindlich vollen Wangen, ihren bereits weiblichen Rundungen, ihrem Profil einer Göttin und ihren ungeschickten Gesten. Sie ist die Inkarnation einer erträumten, erdachten Frau. Sie ist der perfekte Körper, von dem der Mann und Maler fortan besessen ist.

Eines Tages hört sie wohl auf, ihn »Monsieur« zu nennen.

Eines Tages muss er ihr etwas näher kommen, sanft über eine blonde Haarsträhne streichen, als wollte er sie wegschieben, und sie küssen. Ganz sanft, ohne sie zu überrumpeln, um sie nur ja nicht einzuschüchtern. Vielleicht aber auch heftiger, sodass sie keine Zeit hat, darauf zu reagieren.

Das kann man sich nur vorstellen … Jeder auf seine Weise, jeder mit dem, was er an der Hand hat. Ich würde mir gern eine junge Marie-Thérèse vorstellen, die sich wehrt, die ihm eine Ohrfeige verpasst und dann wütend in ihren Mantel schlüpft und verschwindet. Doch mit sechzehn oder siebzehn Jahren reagiert man nicht zwingend auf diese Weise.

Wahrscheinlicher ist: Marie-Thérèse ist wie gelähmt, weil sie, ganz naiv, nicht damit gerechnet hat. Sie ist erschreckt, weil es erschreckend ist, wenn man von einem Mann überrumpelt wird, wenn er einem einen Kuss abluchst, einem die Brüste knetet und die Schenkel auseinanderpresst … wenn man noch nie von einem Jungen gestreichelt wurde. Ein leichtes Zurückzucken, ein kurzes Aufschrecken, und dann wankt sie, wird geküsst, penetriert, ohne dass sie widerstehen könnte. Ihr Herz pocht wie wild, aber dieses Geräusch ist nicht zu hören … Sie gleicht einer stummen Puppe in seinen Armen.

Sie lässt es zu, weil er weiß, wie er es anstellen muss. Doch hat sie überhaupt die Möglichkeit, Nein zu sagen oder zu denken? Sie lässt es zu, weil sie verstanden hat, dass er ein betuchter, einflussreicher Künstler ist. Er ist so alt, er könnte ihr Vater sein, und das ist wichtig. Aber sie ist vielleicht auch verwirrt, weil ein Mann sie zum ersten Mal wie eine Frau betrachtet. Er hat sie ausgesucht, bevorzugt sie, streichelt sie, sagt ihr, dass sie schön ist. Also kommt sie tags darauf wieder, und das nicht nur, weil er ein energisches »Bis morgen« ausgesprochen hat.

Die Frage des Einverständnisses steht für einen Mann der Generation von Pierre Cabanne, der sie 1974 befragt, nicht zur Debatte. Doch auch für Marie-Thérèse tut sie das nicht.

»Er hat mich unterworfen …«, sagt sie. Ausnahmsweise hat sie einmal das richtige Wort gefunden; in seiner Komplexität vereint es die Nuancen all seiner Synonyme: zähmen, dressieren, dominieren, erziehen, fesseln, knebeln, kontrollieren, bezwingen.

Marie-Thérèse kennt das Leben noch nicht, Picasso erklärt es ihr. Unter seinem Diktat lernt sie, unterwirft sich, ganz brav.

Marie-Thérèse weiß noch nichts von der Liebe. In den Armen des Minotaurus entdeckt die junge Jungfrau den Sex. Sanft, aber mit Bestimmtheit geht er jeden Tag ein bisschen weiter.

Sie ist so unbedarft und spontan, dass die Bitten des Malers sie manchmal zum Lachen bringen.[27] Manchmal lacht sie aber auch nicht. Wie an jenem Tag, als er ihr, um sie zu initiieren, erotische Zeichnungen von jungen Menschen zeigt. Die junge Frau ist schockiert, es verschlägt ihr die Sprache. Sie wird warten, bis sie sechzig Jahre alt ist, ehe sie dem amerikanischen Akademiker[28], dem es gelingt, ihr die Würmer aus der Nase zu ziehen, davon erzählt. Befragt von Pierre Cabanne über »das Glück gemäß Picasso«, gibt sie, ganz flapsig, die ungeheure Antwort: »Erst ›verging‹ er sich an der Frau, wie Renoir es formulierte, und dann wurde gearbeitet.[29] Mit mir wie mit jeder anderen.«[30]

»Sich an jemandem vergehen« hat für sie eindeutig

nicht den Sinn, den es für uns heute hat. Vergewaltigung wird schon seit 1810 als Verbrechen erachtet, doch nur wenige Frauen wagen es, eine Anklage vorzubringen. Und Marie-Thérèse äußert sich 1974, sechs Jahre vor Einführung des Gesetzes von 1980, das in der Verurteilung von Vergewaltigung einen großen Fortschritt darstellt.

Wenn sie also »sich an jemandem vergehen« sagt, dann versteht sie darunter vielleicht »gewaltsamen Verkehr«, was wahrscheinlicher ist, denn es ist nicht Picassos Gewohnheit, ihre Meinung einzuholen. Das ist bei ihr wie bei den anderen. Aber sie beschwert sich nicht darüber. Sie erkennt darin sogar eine gewisse Vorstellung von Glück ... »gemäß Picasso«.

Marie-Thérèse ist noch keine achtzehn Jahre alt. Vor ihm hat sie nur mit ein paar Jungen geflirtet, auf Bällen in Wiesbaden. Nach ihm kommt offiziell kein anderer. Nicht einmal Gott, wie bei Dora Maar. Bestimmt hat sie nur diese eine Liebe kennengelernt ...

Kleine Randbemerkung: Renoir hat niemals behauptet, dass ein Maler seine Modelle vergewaltigen solle. »Ich bin mir ziemlich sicher, dass er seine Frau nie betrogen hat«[31], schreibt Jean Renoir sogar über seinen Vater. Marie-Thérèse begnügt sich vermutlich ganz unwissend damit, den Lieblingssatz von Picasso zu wiederholen.

»Du hast mir das Leben gerettet«[32], taucht wie eine Art Leitmotiv immer wieder bei ihm auf. Das Kompliment erfreut sie, und es fügen sich noch weitere flammende Deklarationen hinzu, mit denen er sie jeden Tag aufs Neue überschüttet. Noch nie hat jemand sie so auf ein Podest gestellt.

Er ist ihre erste Liebe, sie seine erste »Amour fou«, seine leidenschaftlich verrückte Liebe. Verrückt im Sinne von: ohne jeden Verstand, skandalös, verboten, unbezwinglich, schändlich. Verrückt wie das Vergnügen, das ihm ihr sanfter, fester, sinnlicher und unterworfener Körper bereitet. Verrückt wie verrückt vor Eifersucht bei der Vorstellung, sie könnte sich für einen Jungen ihres Alters begeistern. Dieses junge Ding verzehnfacht seine Lust und vor allem seinen Drang zu malen. Tag um Tag nährt sie eine neue, revolutionäre Inspiration. Sie regeneriert seine Malerei. Somit braucht er sie ganz verrückt, muss sie sehen, sie anfassen, sie malen. Schrecklich abergläubisch, wie er ist, hat er sogar das Gefühl, dass sie ihm Glück bringt. Allein schon ihre Gegenwart entfacht seine Leidenschaft und lässt seine Palette explodieren.

Von da an muss Marie-Thérèse nicht mehr hastig davonschleichen, wenn sie sein Atelier verlässt. Abend für Abend bringt Picasso sie nach Maisons-Alfort, entweder mit dem Taxi oder in seinem Panhard mit Fahrer.

Sie schwelgt im Glück und vertraut ihren Schwestern an, dass sie verliebt ist. Vor allem erfreut sie sich daran, geliebt zu werden – ohne zu wissen, dass sie vor allem begehrt oder vergegenständlicht wird, um einen außergewöhnlichen kreativen Prozess zu befeuern. Marie-Thérèse interessiert sich nicht für den Maler, sie liebt nur Picasso. Sie bewundert seine Krawatte mehr als seine Gemälde.

Die Beziehung scheint so ernst zu werden, dass Picasso nach ein paar Monaten einwilligt, ihre Familie kennenzulernen. Marie-Thérèse weiß, dass sein Beruf ihrer Mutter gefallen müsste: Schließlich hat sie ihren Kindern oft von einem Maler erzählt, denn sie geliebt hat, als sie selbst ein junges Mädchen war. Dass er verheiratet ist, fällt da nicht sonderlich ins Gewicht. Marie-Thérèse zögert wohl nur, der Mutter von den 28 Jahren Altersunterschied zu erzählen. Doch das allein kann Émilie-Marguerite, die sich vor allem um die Unschuld und die Leichtgläubigkeit ihrer Jüngsten sorgt, nicht schockieren. Sie drängt darauf, diesen Mann kennenzulernen, will sich seiner Absichten vergewissern.

Ich sehe es vor mir, wie Picasso an einem Sonntagmittag mit Blumen und Geschenken für alle in Maisons-Alfort eintrifft. Lustig, charmant, aufmerksam, er kann ein ganzes Bataillon von griesgrämigen alten Damen in seinen Bann ziehen. Die Walters widerstehen ihm nicht lange. Sehr schnell wird er liebevoll Pic getauft und selbst von Dolly, der Hündin der Familie, adoptiert.

Abgesehen von seinem natürlichen Charisma ist Madame Walter nicht entgangen, dass ihre Jüngste bei einem so reichen Mann ein sorgenfreies Leben führen wird. Genau wie sie selbst in dem Moment, da der Vater ihrer Kinder verstirbt … Also alles daransetzen, dass diese Beziehung andauert!

Was Marie-Thérèse betrifft, so ändert sich unvermutet ihr Status innerhalb der Familie. Sie war das hässliche kleine Entlein, die »nicht anerkannte« Jüngste, weniger glänzend und weniger intelligent als die beiden zukünftigen Ärztinnen. Nun aber kann sie damit prahlen, den größten Maler des Jahrhunderts nach Hause gebracht zu haben. Er hat sie bei den Galeries Lafayette sogar Jeanne vorgezogen!

Und die große Nase, die sie bis dahin immer verabscheut hat, weil sie stattdessen von einer kleinen Pariser Stupsnase träumte, von der sagt Pic, es sei die schönste auf der ganzen Welt. Sie sieht sich anders im Spiegel, und am Ende liebt sie ihr perfektes griechisches Profil sogar. Er wiederum muss sich fühlen wie der Hahn im Korb unter diesen vier Frauen, in dieser einfachen Familie, die sehr offen und mit dehnbaren Moralvorstellungen gesegnet ist. Eine Haremsstimmung, die ihm durchaus seine Kindheit als kleiner König in Erinnerung ruft: vergöttert von seiner Mutter, seinen Schwestern, seiner Großmutter und seinen beiden Tanten.

Im hinteren Teil des Gartens errichtet er sich ein Atelier, in dem er an den Wochenenden manchmal arbeitet. Doch häufig gehen die beiden Verliebten Hand in Hand am Ufer spazieren, küssen sich im Gras, geschützt vor fremden Blicken, oder machen wie zwei Turteltauben eine Bootsfahrt auf der Marne. Wenn seine Freunde ihn so sehen würden … Er schaut ihr gern zu, beim Schwimmen, wenn sie rudert oder Schlittschuh läuft. In Paris führt er sie ins Kino aus, in den Zirkus oder in den Spielzeugladen, um der Siebzehnjährigen die Puppen zu kaufen, die sie als Kind nicht hatte. In aller Regel hält man ihn für ihren Vater.

In seinem Milieu von Galeristen, Kritikern und Künstlern verstehen die Menschen gar nichts mehr, doch das ist ihm herzlich egal. Im Gegensatz zu Olga ist Marie-Thérèse immer gut gelaunt, verfügbar, aufregend … Nichts beeindruckt sie, nichts schockiert sie. Sie lacht gern, isst gern und hat gern Sex. Endlich hat er seine ideale Frau gefunden: schön, inspirierend, heiter und wenig anspruchsvoll. Sie ist seine bezaubernde Auszeit, seine Freiheit, seine Unbeschwertheit und seine wiedergefundene Jugend. Dieses Mädchen macht ihn verrückt.

Ohne sie kommen ihm die Ferien mit der Familie 1927 in Cannes endlos vor. Unter dem Vorwand, einen Termin zu haben, fährt er nach Paris, um sie zu sehen. Manche behaupten, er habe ihr zudem seinen Fahrer vorbeischicken und sie für ein paar Tage in einem Hotel an der Riviera unterbringen wollen. Doch bei einer so eifersüchtigen Ehefrau wie Olga wäre das bestimmt viel zu riskant gewesen. Entnervt bricht er den Ferienaufenthalt schließlich verfrüht ab.

Ein Jahr später wird er sich keine solche Trennung auferlegen.

7

Ich bin entspannt

Olga behält die Gewohnheit der Weißrussen bei: Sie reist lieber im Winter an die Côte d'Azur. Immerhin ist sie so weit Snob, dass sie versucht, ihre Meinung zu ändern, als die Murphy, Cocteau oder Gabrielle Chanel den Trend lancieren, den Sommer an der Riviera zu verbringen. In ihrem tiefsten Inneren aber fühlt sie sich unter den aristokratischen Sommerfrischlern an der Côte d'Émeraude in der Bretagne wohler. Vielleicht erinnern die elegante, steife Atmosphäre, die Belle-Époque-Villen, die englischen Grafen und Herzoginnen sie an das zaristische Russland, in dem sie aufgewachsen ist. Außerdem hofft sie, dass das Klima am Atlantik die Schmerzen lindert, an denen sie seit Jahren leidet und derentwegen sie unzählige Operationen über sich ergehen lassen musste. Gestützt auf ärztliche Schreiben, die sich in den Archiven finden, hat die Psychoanalytikerin Caroline Eliacheff die Hypothese aufgestellt, dass sie möglicherweise an einer Form von Krebs erkrankt war.[33]

Unter anderen Umständen hätte Picasso ein diebisches Vergnügen daran gehabt, Cannes oder Antibes durchzusetzen, egal was Olga sagt. Doch aus Gründen, die nichts mit der Gesundheit seiner Frau zu tun haben, ist er nicht unglücklich darüber, in diesem Jahr der lustigen, aber vereinnahmenden Gruppe der Murphy zu entkommen.

Im Juli 1928 beziehen die Picassos also ihr Sommerquartier in Dinard. Sie haben eine große Villa mit direktem Zugang zum Strand von Saint-Énogat. Aus der Ferne könnten der Vater, die Mutter, das Kind, die englische Gouvernante und der livrierte Fahrer das Bild einer bourgeoisen Familie abgeben, wie jene, die in den Schlosshotels des angesagten Kurortes weilen. Doch man trifft sie nur sehr selten zusammen an. Olga verlässt kaum das Zimmer und trägt fast nichts anderes als ihre Chanel-Pyjamas. Paulo verbringt seine Tage allein mit seinem Kindermädchen am Strand. Und Picasso verschwindet, kaum dass er wach ist.

Er zieht es vor, in einem Atelier zu arbeiten, das er angeblich am anderen Ende der Stadt angemietet hat. Tatsächlich aber eilt er zu Marie-Thérèse, die er heimlich in einer Pension für junge Mädchen untergebracht hat. Dann schließen sie sich am Strand von Écluse in einer Badekabine ein. Heute heißt die Allee, die an den Kabinen entlangführt, Pablo-Picasso. Vor Ort habe ich versucht, mir vorzustellen, welche er wohl ausgesucht hatte. Vielleicht eine von denen, die weiter weg vom Casino stehen, oder eher eine in der zweiten Reihe, die noch besser vor fremden Blicken geschützt ist.

Doch außer der Malerei hat er noch eine andere Entschuldigung, um dem Familienleben zu entfliehen. Der junge Dichter Georges Hugnet, den er durch Max Jacob und Gertrude Stein kennengelernt hat, weilt gerade in Saint-Malo, an der anderen Seite der Mündung.[34] Manchmal spazieren sie tatsächlich zu zweit am Strand entlang, zumeist aber benutzt Picasso ihn als Vorwand. Unvermittelt beugt er sich aus dem Fenster und ruft: »Ja, Georges, ich komme!«, und dann verschwindet er für viele Stunden. Das ist eine Feydeau-Komödie am Strand.

Marie-Thérèse wird neunzehn. Noch nie zuvor war sie so schön, sorglos, geliebt, verliebt. Picasso schenkt ihr eine Sommergarderobe: Badeanzüge, Kleider, Sandalen. Am Strand oder im Wasser spielt sie noch immer wie ein Kind, doch kaum schließt sich die Kabinentür hinter ihnen, unterwirft sie sich dem Vergnügen, das er ihr gibt oder auch mal verweigert, um sie noch besser zu »zähmen«. Die Dichterin und Malerin Alice Paalen, die acht Jahre später eine kurze Affäre mit Picasso hat, erzählt, dass »es ihm stets eine große Freude bereitete, den Frauen das Vergnügen vorzuenthalten«[35].

»Sind Sie unterworfen worden?«, fragt Pierre Cabanne. »Aber nein, nicht unterworfen, ich war doch nett!«, entgegnet Marie-Thérèse entnervt.

Sie hat recht, »nett« entspricht ihr mehr als »unterworfen«, zumindest während dieser Jahre. Nett im Sinn von liebenswert, versöhnlich, ziemlich schüchtern ... Nett auch im Sinn von: anspruchslos, ohne Neugier, ohne Ambitionen, aber nein, nicht wirklich unterworfen. Manchmal fühlt sie sich so vergöttert, dass sie auch großmäulig daherkommen kann, sich widersetzt, schmollt oder die Gleichgültige gibt. Tatsächlich beschreibt der Surrealist Roland Penrose sie dergestalt:

Das Mädchen zog ihn an »durch seine stramme, kräftige Figur, das helle nordische Aussehen und seine merkwürdige Zurückhaltung. Sie benahm sich stets nach ihrer eigenen Neigung und änderte ihre Meinung oder ihre Lebensweise derart unlogisch und unvermutet, als würde sie von Einflüssen des Mondes oder einer sogar noch unberechenbareren Macht gesteuert. Sie besaß eine gesunde Ruppigkeit und eine Ungezwungenheit, die einen völligen Gegensatz zu Olga und der Welt bildete.«[36]

Wäre sie jedoch unterworfen und passiv gewesen, dann hätte sie Picasso sehr schnell gelangweilt. Zu dieser Zeit muss man sie sich wohl eher wie ein zu »zähmendes« Irrlicht vorstellen, ein unbedarftes und ungeniertes Mädchen, das sich mitreißen lässt in eine freudige Beziehung und eine Sexualität ohne jedes Tabu.

Ist sie glücklich? »Ich war noch nicht einmal glücklich, ich fühlte mich wohl.«

In Dinard öffnet sich ihr Kokon ein wenig. Genervt beobachtet die junge Geliebte, wie ihr Pic, wenn sie am Strand Ball spielen, mit den Kameradinnen aus ihrer Pension kokettiert. Sie glaubt sogar, gesehen zu haben, wie er mit noch jüngeren Mädchen »geflirtet« hat.[37] Hat er wirklich geflirtet, oder hat er sich nur einen Spaß daraus gemacht, ihre Eifersucht anzustacheln?

Dinard ist auch der Ort, an dem sie den Kubismus kennengelernt hat, wie sie erzählt. Dabei sind die *Baigneuses (Badende)* von 1928 eher surrealistisch als kubistisch … Doch auf solche Spitzfindigkeiten lässt Marie-Thérèse sich nicht ein. Was den Kubismus angeht, hat sie sogar ihre eigene Theorie: »Diese armen Kinder, die nach

Paris gekommen waren, um zu arbeiten, schafften es nicht, ihre Gemälde zu verkaufen. Eines Tages nahmen sie die Metro und sahen dabei die ganzen zerrissenen Blätter und sagten sich: Und wenn wir es mal damit versuchen? Und so ist das dann entstanden ...« Hätte Picasso sie gehört, er wäre der Erste gewesen, der losgelacht hätte. Und zwar mit seinem Lachen eines »Hexenmeisters«[38], wie Malraux immer sagte.

Auf den Gemälden aus Dinard sieht Marie-Thérèse nur blaue unförmige Haufen, die »ihr eher Angst einflößen«, wagt aber nicht zu fragen, ob es sich dabei um sie oder um Olga handelt. Sie bevorzugt es eindeutig, wenn Pic »klassische Sachen« macht. Und ganz grundsätzlich: »Seine Malerei beeindruckt mich nicht«, wie sie später sogar Marie Cuttoli anvertraut, einer Freundin von Picasso, Sammlerin, Mäzenin (sie ist nicht zuletzt die Initiatorin der Künstlerteppiche, die in Aubusson gewebt werden). »Schon witzig, oder?«, würde er noch sagen, ohne sie aber deshalb gering zu schätzen.

Zurück in Paris, beschließt Picasso, ein Appartement in der Nähe der Gare Saint-Lazare zu mieten, das ein bisschen zu ihrer Strandkabine wird, nur etwas komfortabler. Langsam wurde es zu gewagt, Marie-Thérèse jeden Tag in der Wohnung über Olga zu empfangen, wo sie zudem nie über Nacht bleiben konnte. Seine Enkelin, Diana Widmaier Picasso, stellt sich vor, dass er außerdem »beabsichtigte, sie der Kontrolle ihrer Familie zu entziehen«[39].

In der 11, Rue de Liège deutet kein Schild darauf hin, dass Picasso in diesem Gebäude gewohnt hat. Schon damals taucht sein Name weder auf dem Briefkasten noch bei der Concierge auf. Im Telefonbuch steht hier nur etwas von einer »möblierten Wohnung«. Und an diese Adresse schreibt Marie-Thérèse ihm, indem sie ihre Briefe an einen gewissen »Monsieur Picabia« adressiert!

Er muss diesen Identitätsmissbrauch ziemlich genießen. Das ist eine lange Nase an den Galeristen Rosenberg und all jene, die es wagen, von den »zwei Pica« zu sprechen. Diese Pseudorivalität ist für Francis Picabia eine Obsession und macht ihn fast wahnsinnig, weil er weiß, dass der andere ihm weit überlegen ist. »Schon lange rauben ihm Picassos Lorbeeren den Schlaf«[40], erfreut sich André Breton. Der Spanier tut so, als sei ihm dieser Vergleich gleichgültig, doch auch wenn er nichts sagt, ist er genervt zu lesen, dass der andere »sein bester Feind« sein soll. Das wäre dann doch ein bisschen zu viel der Ehre. »Er gehört zu jenen«, sagt er, »die zu viel machen, weil sie nicht genug machen können …«[41] Also macht er sich einen Scherz daraus, seiner Junggesellenbude den Namen dieses Schürzenjägers zu verleihen. »Er lässt sich häufig Picabia nennen, wenn er sich etwas vorzuwerfen hat«[42], weiß sein Biograf John Richardson zu berichten.

Die Briefe aus der Zeit der Rue de Liège sind ebenso wenig einzusehen wie alle von Marie-Thérèse. Maya, seine Tochter, wollte, dass sie ihr Familiengeheimnis bleiben. Die wenigen Kunsthistoriker, die sie früher einmal zu lesen bekommen haben, erinnern sich an flammende und schrecklich naive Schriftstücke.

Ein paar Briefe von Picasso sind in Teilen reproduziert worden. Ohne das Niveau großartiger Liebesbriefe zu erreichen, schreibt er doch voller Herzblut und Emphase. »Marie-Thérèse, meine geliebte Marie-Thérèse. Ich werde in Liège sein. Kommen. Ich habe die verrückte Hoffnung, am Freitag in Paris zurück zu sein. Ich denke an dich, immer und immer an dich.«[43] – »Diese Briefchen [...] haben die Herzlichkeit und Frische eines verliebten Schülers«, meint Pierre Cabanne.

Man weiß nur wenig über den Alltag der jungen Muse Ende der Zwanzigerjahre. Die alte Dame erinnert sich an diese Zeit als eine Schaffensperiode, die »überaus aufregend, durchdrungen von Liebe, Küssen, Eifersucht und Bewunderung war«. Worte, die ohne Punkt und Komma herausprudeln, in einem vorgetäuscht sicheren Ton, als hätte sie jahrelang an dieser Formulierung gefeilt.

Es ist anzunehmen, dass sie zwischen Maisons-Alfort und der Rue de Liège pendelt und gleichzeitig manchmal im Atelier der Rue La Boétie Modell steht. Sie arbeitet nicht. Was perfekt zu ihrem trägen Temperament und ihrem Mangel an Ambitionen passt. Ihre einzige Pflicht besteht darin, da zu sein, im Bett und im Werk von Picasso, verfügbar nach seinem Belieben, sich an seinem Vergnügen zu erfreuen, von einem angenehmen Lebenswandel zu profitieren und ihm jeden Tag zu schreiben.

Um sich die Zeit zu vertreiben, macht sie Sport, das ist, abgesehen von ihm, ihre einzige Leidenschaft. Wenn sie Modell steht, langweilt sie sich zwangsläufig, also wird sie schläfrig. Das stört den Meister aber keineswegs, ganz im Gegenteil: »Was liebe ich sie, wenn sie schläft.« Dagegen hasst er es, wenn sie lacht. Er drängt immer darauf, dass sie ernst bleibt und den Mund zumacht.

Häufig zieht er es vor, nach Fotos zu zeichnen. Dann macht sie sich einen Spaß daraus, für ihn in den Fotoautomaten zu gehen. In einer Serie von Aufnahmen aus dem Jahr 1930 findet man sie mal rebellisch, mal verschmitzt, trotzig, provozierend, lächelnd, vor allem aber stolz mit der hübschen Baskenmütze posierend, die er ihr geschenkt hat.

Manchmal hat er Anwandlungen von Pygmalion. Warum sie nicht zum Lesen animieren, um sie zu beschäftigen? Er hat den Fehler begangen, von de Sade anzufangen, den sie hasst. Eines Tages versucht er, ihr das Zeichnen beizubringen. »Aber da hat er gesehen, dass ich wirklich kindlich war. Er hat sich gesagt: Nein, bei der hier wird das nichts ...« Mehr Erfolg hat er, als er ihr ein Fahrrad und ein Boot schenkt, damit sie auf der Marne rudern kann.

Kunsthistoriker haben die Hypothese aufgestellt, dass der Maler nach der Rue de Liège eine weitere Junggesellenbude an der Rive Gauche angemietet haben muss. Durch *La Fenêtre ouverte (Das offene Fenster)*, ein Gemälde aus dem Jahr 1929, glaubten sie die beiden Türme der Basilika Sainte-Clotilde im VII. Arrondissement zu erkennen. Doch in keinem Archiv wurde jemals eine Spur von diesem Appartement gefunden, also nimmt man an, dass Picasso einen Strohmann hatte, vermutlich seinen Banker. Die Leerstellen, die gefüllt werden müssen, führen selbst Historiker in Versuchung, sich der Fiktion zu bedienen.

Im Gegenzug besteht kein Zweifel daran, dass Picasso sein Gefolge im August 1929 erneut nach Dinard schleppte. Monsieur und Madame Picasso weihen das Hotel le Gallic ein (den neuen Art-déco-Palast mit Blick aufs Meer) und mieten dann die Villa Bel Event an der Spitze von Moulinet. Sie gehört Lady Mond, einer Halbweltdame, die Picasso in Montmartre kennengelernt hat und die, nachdem sie den englischen Nickel-König geheiratet hat, zur Milliardärin wurde. Olga geht es viel besser, und sie genießt den überaus britischen Charme dieses Landhauses mit Meerblick.

Sie weiß nicht, dass Marie-Thérèse ebenfalls in der Gegend weilt, in diesem Jahr mit ihren beiden Schwestern als Anstandsdamen, der 23-jährigen Jeanne und der 25-jährigen Geneviève ... Und vielleicht ist auch ihre Mutter dort. Picasso hat sie in der Pension Albion untergebracht, in einem ruhigen Viertel oberhalb des Meeres. Von der Rue de la Malouine führt eine blumengeschmückte Treppe direkt hinunter zum Strand und den berühmten Strandkabinen. Sie müssen jeder einen Schlüssel haben, um sich dort heimlich hineinschleichen zu können, einer nach dem anderen, damit sie keine fremden Blicke auf sich ziehen.

Picasso malt in diesem Sommer sehr wenig. Er gibt vor, die Zimmer in der Villa Bel Event seien für seine großen Leinwände zu winzig. Er verbringt etwas Zeit mit seinem Sohn Paulo, der nun acht Jahre alt ist. Und sobald er kann, verschwindet er und sucht klammheimlich Marie-Thérèse und ihre Schwestern auf. Mit drei jungen Mädchen spazieren zu gehen, erscheint immer noch weniger verdächtig als nur mit einem.

Er muss sie ins große Balneum-Casino eingeladen haben, das eben erst aufgemacht hat. Bestimmt haben sie an der amerikanischen Bar einen Drink zu sich genommen und im Restaurant der zweiten Etage gegessen. Picasso, der nicht schwimmen kann, geht bestimmt nicht ins Hallenbad, doch Marie-Thérèse und ihre Schwestern bringen in dem mit blauen und goldenen Mosaiken verzierten Becken wahrscheinlich viele Stunden zu. Und wenn sie das Bad verlassen, spielen sie am Strand Ball oder bräunen sich in der Sonne. Die drei jungen Mädchen inspirieren den Maler zu ein paar *Baigneuses (Badende)* in kleinerem Format.

Von diesen Ferien in Dinard tauchen in den Familienalben nur vier Fotos auf: Marie-Thérèse auf dem Strandweg, vor dem Casino, mit bloßen Beinen in einem cremefarbenen Bademantel; Marie-Thérèse am Strand, in einem weißen Badeanzug, ausgestreckt auf einem Handtuch; oder aber Marie-Thérèse im Sand, in einem bunten Badeanzug. Auf den ersten Fotos lächelt und strahlt sie, auf dem letzten aber wirkt sie verstimmt. »Von Anfang an schon weine ich mit Pablo Picasso«[44], sagte sie. Ob das schon in Dinard angefangen hat?

Auf dem Foto sitzt zu ihren Füßen ein kleiner Junge, der eine Zeitung liest und große Ähnlichkeit mit Paulo hat. So eigenartig das auch sein mag, er kennt die junge Geliebte seines Vaters bereits seit vielen Monaten.

Picasso lädt sie zusammen in den Zirkus oder in Freizeit-parks ein. Aber der Junge hat seiner Mutter niemals davon erzählt. Bei den Picassos wächst man im Kult um das und im Respekt vor dem Geheimnis auf.

8

Wunderbar schrecklich

»Sie haben gesagt, dass er wunderbar schrecklich war«, ruft Pierre Cabanne der Sechzigjährigen in Erinnerung ... »Ja, zum Glück«, antwortet Marie-Thérèse lachend, »sonst hätte er mir nicht gefallen ...« Unsere Epoche hat kein Verständnis für ihre unbedarfte Art, darüber zu lachen. Und im Gegenzug versteht sie nicht, dass uns das schockiert.

Vorsicht, vermintes Terrain. Ich habe das Gefühl, einen rutschigen Berggrat entlangzulaufen, der zu beiden Seiten steil abfällt. Auf der einen Seite das Genie des 20. Jahrhunderts, ein als Weltkulturerbe anerkanntes Monument, dessen Werk nur verehrt werden darf, will man nicht Gefahr laufen, als unverständig zu gelten. Auf der anderen Seite die Aussagen der Opfer, endlich und zum Glück befreit, und die damit einhergehende Versuchung, einen Prozess wegen Gewalt gegen Frauen anzuleiern, die vor etwa einem Jahrhundert stattgefunden hat.

Diese Unterströmung stört oder nervt all jene, die sich mit Picassos Werk beschäftigen und befürchten, man könnte seine Meisterwerke abhängen, so wie inzwischen Statuen niedergerissen werden. Vor ein paar

Monaten haben Studentinnen und Studenten einer Kunsthochschule in bedruckten T-Shirts mit Slogans wie »Picasso Barba Azul« (Picasso Blaubart) oder »Picasso Maltratador« (Picasso Frauenmisshandler) schweigend im Picasso-Museum von Barcelona demonstriert. In einem Interview in der Zeitung *El País* hat der dänische Bildhauer Olafur Eliasson ihn mit Harvey Weinstein verglichen. Im Kunstmuseum von Québec (Musée national des Beaux-Arts du Québec) wurde die letzte Picasso-Ausstellung mit Hinweisen zu Dickenfeindlichkeit und körperlichen Differenzen versehen, als wollte man sich damit bei den Frauen und allen, die der Künstler vielleicht beleidigen könnte, entschuldigen. Mehrere Freundinnen haben mir einen Link zu einem feministischen Podcast geschickt, in dem Picasso als »gewalttätiger und frauenfeindlicher Mann« angeprangert wird, als »das letzte Alphamännchen, der Dominator«[45]. Dem Podcast ist eine Warnung vorangestellt: »Diese Folge ist besonders schwierig und thematisiert sexistische und sexuelle Übergriffe, Pädokriminalität …« Der unwegsamste Berggrat ist häufig der des Maßes, »die aufreibende Unnachgiebigkeit des Maßes«[46], sagte Camus. Gewalttätigkeiten, Dominanz und Frauenfeindlichkeit – ja. Pädokriminalität – in legaler Hinsicht nein. Egal, ob Marie-Thérèse nun sechzehneinhalb oder siebzehn Jahre alt ist, als sie den Maler kennenlernt, sie ist kein Kind mehr, sie hat die sexuelle Volljährigkeit bereits erreicht. Das, was sie erlebt hat, beim falschen Namen zu nennen, würde ihr Schicksal nur karikieren und für Verwirrung sorgen …

»Das richtige Wort ist Hörigkeit«, erklärt Maude Julien. Sie wurde bis zu ihrem neunzehnten Lebensjahr von ihrem Vater gefangen gehalten und arbeitet heute als Therapeutin, ist eine der angesehensten Spezialistinnen für die Phänomene Domination und Abhängigkeit. Sie definiert Hörigkeit als eine »Beziehung zwischen einem Jäger – dem Oger – und seinem Opfer. Für ihn zählen nur seine eigene mentale Welt, seine Überzeugungen, seine Bedürfnisse und sein Verlangen. Die anderen sind nichts als Instrumente oder Hindernisse.« (Für Picasso übersetzen wir das mal so: »außer seiner Malerei zählt nichts«.) Die Falle schnappt über dem Opfer zu, sobald der Jäger eines entdeckt, das dies zulässt. »Er gaukelt ihm vor, dass ihre Begegnung ›Die wahre Liebe‹ sei – mit großem D. Nach und nach nimmt er von seinem Opfer Besitz und behandelt es gleichzeitig wie ein verachtenswertes Objekt, das nur durch ihn von Wert ist.«[47]

Nachdem sie sich das Interview von Marie-Thérèse aufmerksam angehört hat, hat Maude Julien bei ihr die klassischen Anzeichen einer hörigen Frau ausgemacht: diese in der Kindheit stecken gebliebene Stimme, dieses leise, nervöse Lachen, das ihre Sätze, an denen rein gar nichts lustig ist, begleitet, und jegliches Ausbleiben von Neugier.

Ihr sind ein paar Formulierungen aufgefallen, von denen mir manche entgangen waren: »Ich traue mich nicht«, »Ich hätte mich nie getraut«, »Es ist mir nicht in den Sinn gekommen, ihn zu befragen«.

Außerdem fiel ihr der Tick auf, Uhrzeiten und Datumsangaben mit der Präzision einer Archivarin wiederzugeben: »wie eine ordentlich erlernte Lektion« oder »der Drang, zu beweisen, dass diese Tatsachen sehr wohl existiert haben«.

»Muss man also den Mann vom Künstler trennen?«, fragt Hannah Gadsby, eine australische feministische Humoristin, höchst ironisch und bissig in ihrem Sketch über Picasso, mit dem sie auf Netflix berühmt geworden ist. Der Maler hat selbst auf diese Frage geantwortet, als er seinem Freund Brassaï erklärte, dass man nichts trennen darf: »Warum, glauben Sie, datiere ich alles, was ich mache? Weil es nicht genügt, die Arbeiten eines Künstlers zu kennen, man muss auch wissen, wann, warum, wie und unter welchen Bedingungen er sie schuf. Es wird sicher eines Tages eine Wissenschaft geben, vielleicht wird man sie ›die Wissenschaft vom Menschen‹ nennen, die sich mit dem schöpferischen Menschen befasst, um neue Erkenntnisse über den Menschen im allgemeinen zu gewinnen … Ich denke oft an diese Wissenschaft, und es ist mir wichtig, der Nachwelt eine möglichst vollständige Dokumentation zu hinterlassen …«[48]

Und schon stecken wir mitten in dem, was er die »Wissenschaft vom Menschen« nannte, die es uns sogar erlauben würde, den Mann vom Künstler zu trennen, ohne jedoch die Vergangenheit in der Gegenwart durchzudeklinieren.

Der Mann ist ein spanischer Macho, geboren in Andalusien im 19. Jahrhundert, ein dominierendes Männchen, ein Jäger. Er bewegt sich in einer Welt, in der die Frauen, diese »Göttinnen und Fußabstreifer«[49], Bürgerinnen zweiter Klasse sind.

Der Künstler ist ein absolutes Genie, aber ein Monster des Egoismus, einer, der nur für seine Malerei lebt und all jene, die sie nähren, verschlingt.

Dass der Mann und der Künstler sich verbündet haben, um Frauen, und häufig auch Männer, zu misshandeln, daran besteht nicht der leiseste Zweifel, und zwar schon seit sehr langer Zeit. Sein Enkel und zwei seiner Frauen haben Selbstmord begangen, zwei andere sind fast wahnsinnig geworden. Marie-Thérèse bezeichnet ihn selbst fröhlich als *Monster* oder als *Teufel.* Die »Picasso l'étranger (Picasso, der Fremde)«[50] gewidmete Ausstellung zeigte auch ein wenig bekanntes Archivstück, einen Dialog zwischen Igor Stravinsky und Alberto Giacometti:

»Ich kenne Picasso sehr gut«, sagt der Bildhauer.

»Und Sie mögen ihn nicht?«, fragt der Musiker.

»Er erstaunt mich, er erstaunt mich als Monster …«

»Und wenn man ihm sagt, dass er ein Monster ist, wird er es nicht glauben. Er wird es für eine Beleidigung halten. Dabei ist das keine Beleidigung, es ist eine Feststellung«, pflichtet Stravinsky bei.

»Ich glaube sehr wohl, dass er weiß, dass er ein Monster ist«, schließt Giacometti.

Dennoch fange ich an, die Vorbehalte zu begreifen, die manche zögern lassen, mit mir über Marie-Thérèse zu sprechen: Sie vermuten, dass ich dann vielleicht meinerseits das schlechte Genie überspitzt darstellen werde. Dabei interessiert mich doch nur das Rätsel der Frau, die im Schatten dieser Amour fou gelebt hat, dieser verrückten, aber nicht ganz zu fassenden Liebe, ohne den Drang, für sich selbst zu existieren. Als eine Person, die viel zu rational und zu sehr in ihrem Jahrhundert verankert ist, versuche ich die Alchimie eines Paares zu entschlüsseln, das durch keinerlei intellektuelle Komplizenschaft verbunden ist. Doch auch ohne ihr Leiden und das der anderen Frauen, die das Leben des Malers geteilt haben, zu leugnen, ahne ich, dass ich vom »Wie« zum »Warum« wechseln muss: Woher kommt die verzehrende, irrationale Leidenschaft des Künstlers für seine Muse? Was treibt diese Maschine an, im Dienst seines Werkes zu zermalmen und auszubeuten?

9

Dornröschen

Juni 1930: Picasso teilt Olga mit, dass er das Château de Boisgeloup für sie gekauft habe. Genau dasselbe hat er auch Marie-Thérèse versprochen. Nichts davon ist falsch, nichts davon richtig. Vielmehr hat er dieses erste Anwesen auf französischem Boden für sich selbst erstanden! Schon lange hat er von einem Wohnsitz auf dem Land mit großen Räumen geträumt, um sich der Bildhauerei widmen zu können, seine Leinwände nicht länger je nach Sommerwohnsitz transportieren zu müssen und heimlich Marie-Thérèse empfangen zu können.

Élie Lascaux, sein Freund, der Maler des naiven Realismus, hat dieses Anwesen bei Gisors in der Normandie für ihn ausfindig gemacht; in der Nähe von Paris (es sind nur 60 Kilometer bis dorthin) und zugleich ausreichend isoliert vom Dorf, um ein verstecktes, glückliches Leben führen zu können. Im gleichen Atemzug hat Picasso sich auch noch das passende Auto gegönnt. Er nennt ihn »meinen Schatz«, diesen prächtigen schwarzen Hispano Suiza, für den er eigens eine Garage ausbauen lässt.

Auf der Suche nach Einzelheiten über die Anwesenheit von Marie-Thérèse in Boisgeloup habe ich das Werk des inzwischen verstorbenen britischen Journalisten

Roy MacGregor-Hastie entdeckt. *Picasso's Women*[51], erschienen Ende der Achtzigerjahre, ist nie übersetzt worden und wird nur selten zitiert, und wenn, dann mit gerümpfter Nase von Kunsthistorikern, die auf gewisse Fehler hinweisen, insbesondere was die genannten Daten betrifft. Das Marie-Thérèse gewidmete Kapitel stützt sich jedoch auf eine einzigartige und ansonsten unveröffentlichte Zeugenaussage: die des Dichters Tristan Tzara, dem das Buch im Übrigen gewidmet ist.

Dazu muss man ein bisschen in der Zeit zurückkreisen … Picasso und Tzara haben sich 1920 kennengelernt, als der junge Rumäne die Dada-Bewegung gegründet hat. Da ist er gerade mal 24 Jahre alt, frisch aus Zürich eingetroffen und von Breton, Éluard, Aragon, Soupault, Picabia so sehnlich erwartet wie der Messias … Die ganze Kunstprominenz von Paris redet nur noch von ihm, und Olga kann der Verlockung, diesen Liebling an ihren Tisch zu bitten, nicht widerstehen. Doch sie ist rasch ernüchtert, stellt fest, dass er sehr viel unflätiger und vorlauter ist, als sie ihn sich vorgestellt hatte. Picasso hingegen ist absolut begeistert! Und nicht nur, weil seine Frau Tzara verabscheut. Er erliegt dem Charme des jungen anarchistischen, aufgebrachten, nihilistischen und provozierenden Dandys mit dem Monokel. Fünfzehn Jahre trennen die beiden, doch mit ihm fühlt Picasso sich um Jahre jünger. Er liebt Tzaras Humor, seine Verwegenheit, seinen Hang zum Skandalösen. Außerdem amüsiert er sich wie ein Wahnsinniger auf dessen angesagten und völlig abgefahrenen Dada-Partys, die die Bourgeoisie schockieren und durchaus mit einem Eklat enden können.

Picasso und Tzara teilen auch etwas weniger lärmende Leidenschaften: Sie begeistern sich beide für die Gedichte von Apollinaire, den Douanier Rousseau oder auch die primitiven Künste ... Etwas später werden sie sich gemeinsam erst bei den spanischen Republikanern und dann bei der kommunistischen Partei verpflichten. Ihr Kennenlernen 1920 markiert also den Beginn einer vierzigjährigen Freundschaft, die Höhen und Tiefen kennt – je nach Tzaras Reisen und den Gefährtinnen von Picasso, die an Tzaras bissigem Humor nicht immer Gefallen finden.

Unter der Herrschaft von Marie-Thérèse ist er sehr gern gesehen! Von Anfang an! Seit »besagtem Samstag«. Tzara erzählt, Picasso habe nach einer etwas zu feucht-fröhlichen »angesagten Dada-Party« bei ihm geschlafen. Er sei dann zu Fuß nach Hause gegangen in die Rue La Boétie und an den Galeries Lafayette vorbeigekommen ... Als er Marie-Thérèse entdeckte, sei er umso verwirrter gewesen, als sie genau der Art Frau entsprochen habe, von der der Dichter, der eine Schwäche für Blondinen hatte und mit einer Schwedin verheiratet war, ihm den ganzen Abend über in den Ohren gelegen habe. »Sie machte einen ganz ruhigen und ziemlich dümmlichen Eindruck, genau das, was er nach dem Gekeife von Olga brauchte.«[52]

Tzara ist der einzige Freund, der ins Vertrauen gezogen wird. Er schlägt sogar vor, das Paar bei sich aufzunehmen, doch das will Picasso lieber vermeiden, hat der Dichter doch verlauten lassen, dass er das Mädchen ganz entzückend findet.

Um auf Boisgeloup zurückzukommen: Laut Tristan Tzara war Marie-Thérèse die Erste, die das Château besuchte, noch vor Olga und Paulo. Es ist kein echtes Château, eher ein Herrenhaus aus dem 18. Jahrhundert, aber das junge Mädchen hat noch nie zuvor ein so schönes Anwesen gesehen. In der Fassade des Haupthauses zählt sie zwanzig Fenster! In der Kapelle aus dem 14. Jahrhundert soll sie Freudenschreie ausgestoßen und dann die Ställe bewundert haben, in denen er sein Bildhaueratelier installieren will. Sie liebt das Ländliche, ist beeindruckt von dem sechs Hektar großen hügeligen Grundstück. »Willst du es haben?«, fragt Picasso. Marie-Thérèse lacht schallend: »Wir sind hier nicht bei Dornröschen!«

Olga wiederum wird sich nicht bitten lassen, die Schlossherrin zu spielen. Sie hat hochtrabende Pläne: eine Zentralheizung installieren, einen Pool graben lassen. Und sie bittet Coco Chanel um Rat, was die Deko betrifft. Picasso erklärt sich bereit, für die Empire-Möbel, die Wandbehänge und die Spiegel zu bezahlen, doch beim Pool und der Zentralheizung weigert er sich. Die Kälte wird sein bester Alliierter, wenn es darum geht, seine Frau vom Herbst bis zum Frühjahr auf Distanz zu halten und sich allein nach Boisgeloup zu flüchten, nur mit Marie-Thérèse und seinem Bernhardiner. Ist es mild genug, dann arbeitet er in den Ställen, ansonsten zieht er sich in die zweite Etage zurück, die von einem Kohlenbecken beheizt wird.

Olga hat von großen Empfängen geträumt, doch nur wenige ausgewählte enge Freunde werden ins Château eingeladen: der Galerist Henry Kahnweiler und seine

Frau, der Graf und die Gräfin von Beaumont, Misia Sert, Coco Chanel, Cocteau … Ab und an schlägt Picasso mit Tristan Tzara dort auf. Manchmal kommt Georges Braque vorbei, um sich die Bildhauereien anzusehen, aber nur, wenn Olga nicht da ist … Und wenn er freie Bahn hat, dann ist Marie-Thérèse da und fühlt sich ganz zu Hause, lädt sogar ihre Familie ein.

Sie kommt wohl mit dem Zug oder mit dem Fahrrad, denn die achtzig Kilometer von Maisons-Alfort hierher machen ihr keine Angst. Belagern die Gäste von Olga das Château, macht sie in Gisors Station, und Picasso gesellt sich in dem kleinen Hotel, in dem sie Stammgäste sind, zu ihr.

Dennoch herrscht sie über das Château, auch wenn sie nicht vor Ort ist. Die Ateliers sind bevölkert mit riesigen Köpfen von Marie-Thérèse aus Gips, die Stirn geht über in die vorspringende Nase, die zu einem Penis inmitten des Gesichts geworden ist.

Als sein Drucker sich zur Ruhe setzte, hat Picasso ihm eine Druckmaschine abgekauft. So kann er seine Grafiken vor Ort eigenständig vervielfältigen. Und wieder ziert der füllige Körper von Marie-Thérèse die meisten Druckplatten. Olga muss sich tatsächlich nur sehr wenig für die Arbeit ihres Mannes interessiert haben, wenn sie so gar nichts von der Existenz des jungen Mädchens ahnte. Die Ausstellung, die ihr 2017 im Picasso-Museum gewidmet war, zeigt dann allerdings, dass sie sehr wohl von Marie-Thérèse gewusst haben muss. Im Juli 1928 hat sie eine Postkarte in die Finger bekommen. Und am 27. Oktober 1929 hat sie in ihrem Kalender die Adresse der Rue de Liège notiert. Aber vielleicht war sie ja der Meinung, dass die andere keine Gefahr darstellte. Ein Foto von 1932 zeigt Olga ganz in Chanel vor dem Atelier des Malers. Picasso, dem Fotografen, muss es ein diebisches Vergnügen bereitet haben, sie vor der Nase seiner Geliebten posieren zu lassen.

10

Erotismus des Riesen

1932. Marie-Thérèse wird demnächst 23, hat aber schon fünf bis sechs Jahre ohne das geringste gesellschaftliche Leben im Schatten ihres Meisters zugebracht. Sie ist unter einer Glocke aufgewachsen. Sie ist seine willige und verliebte Gefangene und beschwert sich niemals über ihr Eingesperrtsein. Noch immer preist sie das Glück, ihn getroffen zu haben. »Sie ist mit allen Vereinbarungen einverstanden und wird sie all die Jahre akzeptieren«, erzählt Tristan Tzara. »Unabhängig von ihren Fehlern zeigt sie sich niemals undankbar oder streitsüchtig. Sie war glücklich darüber, mit ihm zu schlafen, wann immer er das wollte, und die restliche Zeit zu faulenzen; es musste nur warm sein, die Räumlichkeit bequem und das Essen durfte nicht zu weit weg sein.«[53] Das ist der Blick eines 1897 geborenen Mannes, der vom Genie und der Macht seines Freundes Picasso fasziniert ist. Es ist der vom gewöhnlichen Chauvinismus eines Dichters durchdrungene Bericht, der allem voran ein Mann seiner Zeit ist. Doch in der Öffentlichkeit muss Marie-Thérèse wirklich diesen Anschein erweckt haben.

Voller Inbrunst hört sie ihrem Geliebten zu, wenn er sich tagein, tagaus über die Hölle beschwert, die er wegen seiner Frau ertragen muss. Immer behauptet er, dass er sich scheiden lassen will, weshalb sollte sie ihm nicht glauben? Wann immer er bei ihr ist, wirkt er so wunschlos glücklich.

Doch sie allein reicht ihm nicht. Hätte ihm jemals nur eine Frau gereicht? Tzara beschwert sich vermutlich darüber, dass sein Freund ihn nicht mehr in die Bordelle begleitet, in denen sie Stammgäste waren, und Raymond Queneau schreibt im Oktober 1931 in sein Tagebuch: »Picasso ist wieder hinter den Mädchen her.« Zu diesem Zeitpunkt soll Olga seine Affäre mit einem japanischen Model entdeckt haben, das im Kimono posierte[54], und um seine Ruhe zu haben, versprach er, dass er die Affäre beenden werde.

Er ist gerade fünfzig geworden. Er hasst diesen Gedanken und verbietet allen, sein Alter zu erwähnen. Er feiert sein halbes Jahrhundert nicht wie Braque in Varengeville. Statt der Jahre zu gedenken, die dahineilen, feiert er lieber sein Werk. Seine Retrospektive, im Juni in der Galerie Georges Petit in Paris und im September dann in Zürich, wird zum Ereignis des Jahres. »Da bin ich, verjüngt und voller Leben […] wie ein zwanzigjähriger Jüngling!«[55]

Picasso hat über zweihundert Gemälde versammelt, und insbesondere die letzten sind eine faszinierende Hommage an die Formen von Marie-Thérèse, die erotische Explosion einer Frau gleich einer Opfergabe und eines Mannes, der sie mit Blicken verschlingt. Selbst die Stillleben feiern insgeheim ihre verführerischen Formen, ihre Brüste und ihr Geschlecht wie eine Frucht, das Gelb ihrer Haare, das Rosa und das Blasslila, ihre Lieblingsfarben.

Manche Kritiker sind verwirrt angesichts der von Picasso höchstpersönlich ausgedachten Inszenierung: mit purpurnem Samt verzierte Wände, dazu die Anhäufung von Kunstwerken vom Boden bis zur Decke. Außerdem werfen sie dem Maler vor, die Chronologie gestört und, gegen den gesunden Menschenverstand, wie sie meinen, die Gemälde von heute und jene von gestern durcheinander aufgehängt zu haben. Die meisten Besucher aber sind begeistert und fragen neugierig nach dem letzten Modell, das sie nicht kannten: »Sag mal, die Frau, die du uns hier zeigst, die schläft ja die ganze Zeit«[56], soll ein Freund gesagt haben. Niemals würde ein Dialogautor diese Worte jemandem in den Mund legen, der Picasso nahestand. Zu Unrecht vielleicht. Doch so erinnert sich Marie-Thérèse …

Etwas elaborierter lässt sich der Kaufmann Henry Kahnweiler aus, den vor allem das verrückte Verlangen des Malers nach der jungen Dösenden beeindruckt: »Es macht ganz den Eindruck, als sei dieses Bild von einem Satyr gemalt worden, der soeben eine Frau getötet hat. Es ist sehr lebendig, sehr erotisch, aber vom Erotismus eines Riesen. Wir sind regelrecht zermalmt dort herausgekommen.«[57]

Der Schriftsteller Kamel Daoud hat 2018 eine Nacht im Pariser Picasso-Museum verbracht, allein mit all den Gemälden. »Es ist das Selbstporträt eines unersättlichen, manisch gewordenen Satyrs«[58], fasst er seine Empfindung in Worte. Er hält fest, »dass der Maler seine Beute nie von vorne malt und fixiert, sondern immer im Profil, in eine andere Welt getaucht und dem Maler fremd, willig, aber keine Komplizin, reglos im Bereich der Intimität, aber nicht in der Intelligenz. Es ist kein Dialog der Blicke, sondern ein Dialog des lebendigen Fleisches [...] So ausgesperrt, wird die Frau umso machtvoller besessen.«[59]

Tatsächlich sieht die Muse den Maler niemals an. Niemals lächelt sie. 1932 ist es nicht mehr nötig, dass Picasso das verlangt. Marie-Thérèse hat die Gewohnheit verinnerlicht, sie gehorcht. Ist gezähmt. Vor dem Opfer stehend, entdeckt Daoud dann den Jäger: »In dieser Oktobernacht im Museum, in Paris, dem Herzen des Abendlandes, glaubte ich seltsamerweise zu spüren, dass ein Mann eine Frau buchstäblich essen, sein Verbrechen zeichnen, gestehen und für seinen verstörenden Kannibalismus auch noch bewundert werden konnte.«[60]

Olga ist so eifersüchtig und argwöhnisch, da erscheint es unglaubhaft, dass sie bis zu dieser Ausstellung warten musste, um von der Existenz ihrer Rivalin zu erfahren, also mindestens fünf Jahre nach dem Beginn der Affäre. Lange hat sie vor diesem außerehelichen Abenteuer, das für sie keine Gefahr zu bergen schien, die Augen verschlossen. Doch ab Juni 1932 sind ihr nicht mehr nur Hörner aufgesetzt worden, da wird sie öffentlich gedemütigt. Selbst wenn der schönste Saal ihren Porträts und denen ihres Sohnes vorbehalten ist, kann doch ganz Paris die neue Geliebte ihres Mannes bewundern, ihre Brüste, ihren Schritt. Ganz Paris ist berauscht von dieser Blondine und ihrer lasziven Nacktheit. Durch sein willkürliches Arrangement ist es Picasso gelungen, ihre Porträts zu verteilen, ohne dass sie zu geballt an einer Stelle hängen. Doch es wäre sehr viel mehr vonnöten gewesen, um die Tatsachen vor Olgas Blicken und denen der anderen besser zu kaschieren.

Vielleicht hat jemand so viel Feingefühl bewiesen, Olga zu warnen: Am Vorabend der Ausstellungseröffnung ist sie jedenfalls mit ihrem Sohn Paulo nach Juan-les-Pins geflüchtet. Auch der Maler hat der Eröffnung nicht beigewohnt. »Ausstellungen reizen mich nicht mehr«[61], sagte er später zu Brassaï. Er hat diesem Gala-abend mit Smoking und Abendkleid das Kino vorgezogen. Und tags darauf, am Geburtstag von Olga, ist er wieder in Boisgeloup und arbeitet – mit Marie-Thérèse.

Also kein öffentlicher Skandal, zumindest nicht an diesem Tag. Doch Tzara hat schon anderes gesehen. Es soll vorgekommen sein, dass Olga dem Hispano Suiza einen solchen Tritt verpasste, dass sie die Tür verbeulte und sich den Fuß brach. Ein anderes Mal brüllt sie den Maler und dessen Fahrer an und wirft ihnen Komplizenschaft vor. Sie wirft mit einem Silbertablett nach Marcel, dem Fahrer, und mit dem Nilpferdkopf, der in der Eingangshalle von Boisgeloup ausgestellt ist, nach Tzara. Tzara erzählt auch, dass Picasso lange befürchtet habe, sie könnte Marie-Thérèse gegenüber handgreiflich werden. Eine Zeichnung vom 7. Juli 1934 mit dem Titel *Le Meurtre ou La Mort de Marat (Der Mord oder Der Tod von Marat)* scheint Olga abzubilden, wie sie Marie-Thérèse erdolcht. Doch so weit ist sie nie gegangen. Dafür hat sie versucht, sich in der Kapelle von Boisgeloup zu erhängen.

Wenn er von Olga spricht, beschreibt Picasso sie immer wie eine Furie, die ihm das Leben zur Hölle macht. Doch wer könnte ertragen, was sie durchmachen musste?

Sie hat alles für ihn aufgegeben: ihre Karriere als Tänzerin, ihr Land, ihre Familie. Durch die russische Revolution wurde sie sogar vollständig von ihren Angehörigen abgeschnitten. Bestimmt hat sie ihren Komfort, das Ansehen eines berühmten Mannes und das Glück der ersten Jahre geliebt. Doch sie musste auch die Erniedrigungen über sich ergehen lassen, Untreue, Gleichgültigkeit und selbst Schläge, wenn man Françoise Gilot Glauben schenkt, die zugibt, dass Picasso Olga manchmal an den Haaren gezogen haben soll, um sie zu beruhigen.

Also klammert sie sich fest daran! Ob aus Eitelkeit, Snobismus oder bourgeoiser Überzeugung – sie weigert sich, den Titel Madame Picasso abzugeben. In ihrer Welt lässt man sich nicht scheiden, da heiratet man fürs ganze Leben. Doch wie Marie-Thérèse ist auch sie ein Opfer von Unterwerfung, ist überzeugt, Picasso zu verlieren würde bedeuten, alles zu verlieren. Nach und nach wird sie von dieser Eifersucht, der Wut, der Bitterkeit und dem Wahnsinn vergiftet.

Doch sie lässt kein einziges Interview zu und schreibt auch keine Memoiren. Wir kennen nicht einmal den Klang ihrer Stimme.

11

Bezahlter Urlaub

Die Ausstellung hat bei Olga ein tiefes Unwohlsein hervorgerufen, doch Picasso ist noch nicht bereit, alles zu opfern und sich scheiden zu lassen. In den Archiven konservierte Briefe und Rechnungen[62] decken auf, dass die beiden sich im Lauf des Sommers wieder versöhnt haben müssen. Ein deutscher Galerist und seine Frau bedanken sich bei ihnen für einen Sonntag im Juli in Boisgeloup. Fotos zeigen sie im August als Familie in Dieppe, dann im September in den Alpen, unterwegs zur Ausstellung in Zürich.

Damit der Haussegen nicht schief hängt, scheint es Picasso sinnvoll, Marie-Thérèse fernzuhalten, indem er ihr einen Urlaub an der Riviera schenkt. Im Sommer davor war sie mit ihrer Schwester Geneviève in Saint-Raphaël. Dieses Mal ist es Jeanne, die Jüngere, die von dem von Picasso bezahlten Urlaub profitiert. Mehrere Fotos haben die Erinnerung an diesen Sommer 1932 festgehalten. Als Erstes wurden die beiden Schwestern auf den Anhöhen von Nizza und in der Wolfsschlucht fotografiert. Marie-Thérèse, mit bloßen Armen, gebräunt, sehr sexy in einem so modernen Outfit, dass man es heute bei Rykiel oder Chanel finden könnte: eine Art Overall mit fließender Hose aus Jersey. Jeannes Stil ist sehr viel altmodischer. Ein paar Tage später posierten die beiden auf der Promenade von Juan-les-Pins: Dieses Mal stellt die völlig neu gestylte Jeanne ihre kleine Schwester in den Schatten. Sie hat etwas Wahnsinniges an sich mit dieser weiten weißen Hose, dem schwarzen Bustier, das ihre Schultern in Szene setzt, und dem Dutt, der ihre Kopfhaltung unterstreicht. Letzte Fotos am Strand: Marie-Thérèse allein im Sand, einen Ball in der Hand wie ein Seelöwe im Zirkus, dann Jeanne im Wasser. Beide Schwestern tragen den gleichen Badeanzug, einen schwarzen Einteiler, ziemlich außergewöhnlich für die Zeit damals, mit einem silbernen Ring auf dem Brustkorb, von dem die Träger nach hinten führen. Mir ist aufgefallen, dass sie auch die gleichen Sandalen tragen. Picasso hat wohl alles in doppelter Ausführung gekauft.

Nach ihrer Rückkehr, bestätigen mehrere Biografen, sei Marie-Thérèse so krank geworden, dass sie für mehrere Wochen ins Krankenhaus musste und die Haare verlor. John Richardson spricht von einer Spirochätose, einem fiesen Bakterium, das sie sich beim Schwimmen oder beim Kajakfahren in der Marne eingefangen haben soll.

Picasso hat seine junge Geliebte zu dieser Zeit häufig tot oder leblos dargestellt, wie sie von anderen Frauen aus dem Wasser gezogen wird. Allerdings sprechen diese Zeichnungen eher für die These von einem Ertrinken, dem sie gerade noch entronnen ist. In der Marne passiert es durchaus, dass gute Schwimmer von den Strömungen in die Irre geführt werden. Andererseits: »Malen ist nicht

Beschreiben«, sagte Braque ... Andere Autoren haben die Hypothese einer Abtreibung oder eines Selbstmordversuchs in Erwägung gezogen.

»Marie-Thérèse, wenn man Ihnen gegenüber den Namen Pablo Picasso erwähnt, was ist dann das erste Bild, das Ihnen in den Sinn kommt oder das Sie vor Augen haben ...?«, fragt Pierre Cabanne. »Das Geheimnis«, sagt sie.

12

Suzanne 1

Endlich habe ich in den Untiefen einer alten Handtasche die Kontaktdaten meiner Leserin wiedergefunden: eine rätselhafte und durchaus etwas nostalgische Adresse, bestehend aus zwei Buchstaben, ts (bestimmt die Initialen), einer Postleitzahl und @wanadoo.fr. Sie wirkt nicht überrascht, meine Nachricht zu erhalten, sie merkt nur an, dass ich mich etwas spät melde. Recht schnell schlägt sie ein Treffen vor, ohne zu fragen, ob ich überhaupt Zeit habe: »Morgen um 11 Uhr im Café Le Mesnil, an der Ecke von Boétie und Miromesnil … Dort hat nämlich alles angefangen.« Ich habe erst verstanden, was sie damit sagen wollte, als ich dort eintraf: direkt gegenüber vom Atelier und dem Appartement von Picasso in der 23, Rue La Boétie.

Sie wartet bereits auf mich, drinnen. Allein sitzt sie vor ihrem Café Crème, an der Stuhllehne hängt ein kleiner Rucksack. »Als Allererstes: Sie kennen mich nicht, und Sie haben mich nie getroffen«, sagt sie. Und auf meine ersten Fragen sie betreffend, bekomme ich stets dieselbe Antwort: »Das ist nicht wichtig.« Irgendwann gelingt es mir, ihr zu erklären, dass ich zumindest ihren Namen kennen und verstehen muss, was sie an der Sache so in-

teressiert und weshalb sie mir helfen will. Wir seien hier
nicht in einem Spionagefilm, sage ich. Sie schweigt einen
Moment lang, dann sprudelt es aus ihr heraus: »Ich heiße
Suzanne.« (Der Vorname wurde geändert.) »Ich habe
weder Picasso noch Marie-Thérèse gekannt, aber ich habe
ihre Schwester Jeanne kennengelernt, als sie in Reims
Ärztin war.« Ich überschlage rasch, dass sie, wenn sie mit
Jeanne gearbeitet hat, mindestens achtzig sein muss. Sie
wirkt aber zehn Jahre jünger. Vielleicht habe ich es ja
auch falsch verstanden. Schließlich hat sie nicht ausdrück-
lich gesagt, dass sie zusammen gearbeitet haben …

»Also, wie weit sind Sie?«, fragt sie. Ich fasse es für sie
zusammen. Sie nickt, staunt über manche Tatsachen, von
denen sie nichts wusste, insbesondere über den Bericht
von Tzara. Zugleich stelle ich fest, dass sie so gut wie
alles gelesen hat, selbst die auf Englisch erschienenen,
nicht übersetzten Werke. Freundlich korrigiert sie meine
Ungenauigkeiten, auch hier und da einige Details, und
verdreht die Augen, als ich zugebe, keinerlei Gewissheit
zu haben, was das Jahr des Kennenlernens betrifft. »Sie
glauben doch hoffentlich nicht, was die Familie erzählt?«
Warum denn nicht? Suzanne beginnt eine detaillierte
Auflistung, die eine ausgezeichnete Kenntnis des Dos-
siers verrät: »Nehmen Sie das Foto aus dem Wohnzimmer in Maisons-Alfort. Warum hätte Marie-Thérèse das
Datum ihres Zusammentreffens mit Picasso vor den
Galeries Lafayette notieren sollen, noch dazu auf dem
Foto, das die Wohnung ihrer Mutter zeigt? Das ergibt
keinen Sinn!« Ja, aber warum hätte sie auf einem Foto
lügen sollen, das in einem privaten Album steckte? Und

der Jahreskalender sei doch sehr wohl von 1927! »Ja und?«, erwidert Suzanne abermals ungeduldig. Welches Interesse Picassos Umfeld denn daran hätte, sich nach all den Jahren an einem solchen Detail festzubeißen? »Die Ehre von Picasso, Madame! Heute noch viel mehr als gestern. Das feministische Lager fängt an, ihn als Monster zu bezeichnen. Was würde man sagen, würde man herausfinden, dass er im Alter von fünfundvierzig Jahren eine Affäre mit einem sechzehnjährigen Mädchen hatte?« Aber Suzanne! Dafür hätte doch weder sie noch ich auch nur den geringsten Beweis! Daraufhin sieht sie mich überrascht an …

Mit einigem Drängen erreiche ich endlich, dass wir diese Sackgasse hinter uns lassen. Die Geschichte mit dem Datum sei unlösbar, und im Grunde genommen sei es ja auch völlig egal, ob sie nun sechzehn oder siebzehn gewesen sei …

»Wenn Sie meinen«, seufzt Suzanne leicht enttäuscht. »Die Hauptsache ist, dass Sie verstehen, welchen Platz Jeanne in dieser Geschichte innehatte … Auch sie hat Picasso Modell gestanden!« Weshalb sollte ich ihr vertrauen? Aus welchem Grund sollte sie mir helfen wollen? Suzanne zögert etwas, dann schließt sie lächelnd: »Jeanne war eine Freundin … und Sie sollten sich für die Suite Vollard interessieren.«

13

Drei Schwestern

Die aus hundert Radierungen bestehende Suite Vollard hat Picasso für seinen Händler Ambroise Vollard angefertigt. Mal heißt es, er habe sie gegen einen Renoir und einen Cézanne getauscht, dann wieder sollen es ein paar seiner eigenen älteren Werke gewesen sein. (Die Reihe ist in 300 Exemplaren gedruckt worden, doch da Vollard 1939 gestorben ist, hatte er weder die Zeit, die Arbeiten als Grafiken in einem Kunstbuch zu veröffentlichen, noch hat er auch nur ein einziges Exemplar verkauft. Nach dem Krieg hat Henri Petiet, ein Freund von Vollard, dessen gesamten Vorrat an Radierungen von Picasso und anderen Künstlern aufgekauft: Dieser Schatz ermöglicht es seinen zahlreichen Erben auch heute noch ein angenehmes Leben zu führen, indem sie ab und an einen Druck oder aber, seltener, eine komplette Suite Vollard für fünf oder sechs Millionen Euro verkaufen.)

Kein Text, keine Legende ist dieser Serie von Drucken an die Seite gestellt. Der Künstler hat sich damit begnügt, sie zu datieren, in römischen Ziffern, wie das so seine Gewohnheit ist. Die ersten Abzüge werden 1930 gemacht. Die Produktion steigert sich 1933, bricht 1935 ab, wird erneut aufgenommen und endet 1937.

Kein globaler Zusammenhang, keine besondere Geschichte … Die Suite scheint dem Faden seines täglichen Lebens zu folgen, seinen Obsessionen und Eingebungen, die mit der Mythologie oder mit Rembrandt verbunden sind. Es ist ein persönliches visuelles Tagebuch, dessen Szenen man entschlüsseln können muss: ein blinder Minotaurus, geführt von einem blonden Mädchen; der Maler und sein Modell; das Atelier des Bildhauers; die Vergewaltigung … mal wird Marie-Thérèse ausgestreckt in den Armen eines bärtigen Künstlers dargestellt, dann wieder, wüst unterworfen von einem entfesselten Minotaurus, mit abgespreizten Gliedmaßen, wie eine Puppe mit verrenkten Gliedern. Doch 1933 und 1934 tauchen zwei weitere Frauen auf. Laut Suzanne sind das die Schwestern von Marie-Thérèse, von denen Jeanne angeblich am häufigsten dargestellt wird. Auf einer der Grafiken sind sie sogar zu viert: die Mutter, Émilie-Marguerite, und ihre drei Töchter.

Die junge Augenärztin soll erzählt haben, dass sie nach der vormittäglichen Sprechstunde im Krankenhaus zum Maler und Marie-Thérèse in die Rue La Boétie gegangen sei. Auch Aufenthalte im Château de Boisgeloup soll sie erwähnt haben.

In Ermangelung von Hinweisen des Malers haben sich manche Ausstellungskuratoren Freiheiten herausgenommen und den Drucken Titel verliehen, die die Erinnerungen von Suzanne bestätigen: *Deux personnages (Zwei Figuren)*, *Marie-Thérèse et sa soeur lisant (Marie-Thérèse und ihre Schwester beim Lesen)*, *Trois femmes nues près d'une fenêtre (Drei nackte Frauen am Fenster)* oder *Trois femmes (Drei Frauen)*. In seinem Kommentar zu *Confidences (Vertraulichkeiten)*, einer weiteren Studie aus dem Jahr 1934, führt selbst John Richardson aus, dass die Collage »Marie-Thérèse und ihre Schwester Jeanne[63] darstelle«.

Suzanne hat mir beigebracht, die Schwestern auseinanderzuhalten: Die älteste, Geneviève, hat kürzere und braune Haare, Marie-Thérèse und Jeanne ähneln einander mehr, beide sind blond und haben dieselbe ausgeprägte Nase, doch die Jüngere erkennt man an ihrem schlanken Hals.

Sie tauchen auch auf manchen Gemälden auf, die im Château de Boisgeloup entstanden sind. Häufig sind sie nackt, oder zumindest ihre Brüste sind entblößt. Drei entblößte Schwestern vor dem Geliebten der jüngsten … Bei den Walters ist die Moral weit gefasst. Ich stelle mir vor, dass sie sich geschmeichelt fühlen oder sich darüber amüsieren, dass auch sie für den größten Maler des Jahrhunderts posieren. »Jedes Mal, wenn Picasso einen weiblichen Akt malt, unterhält er mit derjenigen in gewisser Weise eine erotische Beziehung, den Körper, den er malt, besitzt er auch auf sinnliche Weise«, schrieb Christian Zervos, Herausgeber und Autor des Werkverzeichnisses. Aber sinnlich heißt nicht sexuell.

Ich habe Sylvette David ausfindig gemacht, die 1954 in Vallauris zu Picassos Modellen gehörte. Das berühmte junge Mädchen mit dem Pferdeschwanz, das Brigitte Bardot ähnelt, ist heute fast neunzig Jahre alt und lebt in der Grafschaft Devon im Westen von England. Sylvette hat mir erzählt, wie das Modellstehen bei Picasso ablief.

Ihr Freund, Toby, habe sie mit dem Mofa dorthin begleitet, dann sei er wieder verschwunden. Der Maler habe das junge Mädchen in einem Schaukelstuhl Platz nehmen lassen und dann schweigend angefangen zu zeichnen. Es sei vorgekommen, dass er drei Stunden lang ununterbrochen gearbeitet habe, praktisch wortlos, und währenddessen habe er eine Gitane nach der anderen geraucht. Sie beschreibt ihn als zuweilen extravagant, wenn er sich zum Beispiel damit vergnügte, einen Stierkampf nachzuahmen, indem er sich hinter einem riesigen Stierkopf aus Weidenruten versteckte. Doch mit ihr sei er immer »respektvoll«, »aufmerksam« und »sehr anständig« umgegangen. Für sie sei er ein Techniker gewesen, ein Handwerker bei der Arbeit oder sogar ein Vater.

Ein Mal, nur ein einziges Mal, habe er vorgeschlagen, eine Pause zu machen: Er habe sie mit nach oben geschleppt, in sein Schlafzimmer im ersten Stock, wo er auf dem Bett herumgehüpft sei wie ein Kind auf einem Trampolin. Da sie jedoch gezögert habe, es ihm gleichzutun, habe er sie nicht weiter gedrängt. Ein andermal habe er ein Aktporträt von ihrem Oberkörper gemacht, obwohl er sie nie ohne Kleidung gesehen habe. Dann habe er sich halbherzig dafür entschuldigt, sich vergewissert, dass sie nicht schockiert war, und zugegeben, dass er sich das alles nur vorgestellt habe …

Daraus schließe ich, vielleicht etwas naiv, dass die Schwestern von Marie-Thérèse nicht zwangsweise nackt für Picasso posiert haben. Suzanne hat da so ihre Zweifel, doch ich halte es für durchaus wahrscheinlich, dass seine Beziehung zu Jeanne und Geneviève rein platonisch war. Eine zweideutige erotische Stimmung hat ihm wohl genügt, um die Beziehung mit Marie-Thérèse, der gerade die Luft ausgeht, wieder anzufachen.

Geneviève und Jeanne sind zwei junge, schöne Ärztinnen, die unlängst ihren Abschluss in Augenheilkunde gemacht haben. Geneviève ist von zurückhaltendem Wesen, Jeanne eher extrovertiert. Ganz offensichtlich machen ihre Diplome und ihr Wissen Picasso neugierig oder beeindrucken ihn. Jedenfalls erregen sie die Neugier dieses großen Hypochonders, den das Auge seit jeher fasziniert. Vor allem von der Blindheit ist er geradezu besessen. Die beiden waren noch nicht geboren, da hat er bereits blinde Bettler und Gitarrenspieler gemalt. Unweigerlich unterbreitet er ihnen seine Überlegungen und bombardiert sie mit Fragen: »Wer sieht die menschliche Silhouette richtig? Der Fotograf, der Spiegel oder der Maler?«, »Nichts ist trügerischer als das Sehen.«, »Ich male nicht, was ich sehe, ich male, was ich denke.«, »Erschafft die Realität die Realität, oder aber beschwört die abstrakte Vorstellung von der Realität diese herauf und lässt sie erscheinen?«[64] … Woher soll man wissen, was man sieht, wie kommuniziert das Auge mit den Gedanken? Außerdem gibt er zu, dass er gern »malen würde wie ein Blinder, der einen Hintern ertastet.«[65]

Auf diese Fragen antwortet Jeanne immer als Erste, ernst und wissenschaftlich. Bestimmt macht sie einen auf oberschlau, fühlt sich durch seine Neugier geschmeichelt.

Ich stelle mir Marie-Thérèse vor, genervt, sie so prahlen zu sehen, zu erleben, wie ihre Schwester den ganzen

Raum einnimmt, geschwätzig, kultiviert und jetzt auch noch als »Frau Doktor«. Im Gegenzug versteht Jeanne nicht, wie sich der Maler für ihre kleine Schwester interessieren kann. Vermutlich sieht sie darin sogar eine gewisse Ungerechtigkeit. Sie kann nicht nachvollziehen, was er an ihr findet.

Um das zu verstehen, müsse man wissen, dass »Picasso nur ein einziges Ziel verfolgt«, wie mir der Philosoph Paul Audi[66] erläutert. »Es geht ihm darum, zu erschaffen, ohne mit dem Erschaffen aufzuhören. Es wäre eine Illusion zu glauben, dass er die intellektuelle Kommunikation mit einer Frau benötigt. Was zählt, ist einzig ihre erotische, physische Gegenwart, solange sie für sein Werk fruchtbar ist.«

Wie seinen Drucken hat Picasso auch seinen Gemälden nur selten einen Titel gegeben. Doch es gibt ein Werk – Jeanne beugt sich über ein Buch, während Marie-Thérèse döst –, das er mit *La Muse (Die Muse)* betitelt hat. Weshalb »die Muse«, wo sie doch zu zweit sind? Weshalb hat Marie-Thérèse die Gegenwart ihrer Schwester nie erwähnt? Weder, wenn es um die Galeries Lafayette ging, noch wenn von Dinard, Boisgeloup oder der Rue La Boétie die Rede war.

Um mir Gewissheit zu verschaffen, habe ich mir das France Culture gewährte Interview noch einmal angehört. Nur ein einziges Mal erwähnt sie Jeanne, ganz zu Beginn des Interviews, als sie rechtfertigt, weshalb ihr Picasso 1927 kein Begriff war: »Selbst meine Schwestern, Abiturientinnen, Medizinstudentinnen, kannten ihn nicht, und ich bin mir sicher, dass ich sie nach ihm gefragt habe … Und als ich dann schwanger war, mit fünfundzwanzig Jahren, selbst da kann ich nicht mit Bestimmtheit sagen, ob meine Schwester Jeanne den Namen Picasso inzwischen kannte … Sie hat nämlich zu mir gesagt: Du bist schwanger, also sagst du *diesem Herrn*, dass er dich nächstes Jahr heiraten soll!«

Zu dem Zeitpunkt, als Marie-Thérèse feststellt, dass sie schwanger ist, kennt Jeanne Picasso jedoch seit mindestens sechs Jahren. Sie ist nett, diese Marie-Thérèse, aber durchaus auch eine kleine Lügnerin …

14

Es wurde gestritten

1934. Am 13. Juli wird Marie-Thérèse 25 Jahre alt.

Noch immer lebt sie nur durch und für Picasso. Doch sie beschwert sich nicht darüber. »Mein armer Schatz.« Sie sieht, wie sehr ihn die Szenen, die Olga ihm aufzwingt, drangsalieren. Zumindest behauptet er das. »Es wurde immer gestritten. Das hat er mir erzählt ... aber was soll ich Ihnen schon dazu sagen?«

War Olga wirklich so verrückt, wie Picasso, seine Freunde und die Biografen es behaupten? »Ich weiß nicht, ob sie verrückt war, aber ihre Beziehung war es in jedem Fall«, führt die Psychoanalytikerin Caroline Eliacheff[67] an.

Olga bekriegt sich mit ihm, Marie-Thérèse gefällt sich in der Rolle derjenigen, die für den Krieger Frieden und Ruhe verkörpert. Eine Art unbekümmerte, lächelnde und fröhliche Geisha, die über sein Wohlergehen, sein Zur-Ruhe-Kommen und sein Vergnügen wacht und ganz offensichtlich keine andere Ambition verfolgt als die, ihn glücklich zu machen.

Oder die, eine hübsche Prinzessin aus einem schlüpfrigen Märchen zu sein, den Fantasien ihres charmanten Malers unterworfen. Einzig das Verlangen und die Inspiration, die sie hervorruft, ergeben einen Sinn und sind das Salz ihrer Existenz. Sie lebt in einer Blase, abseits der Welt, außerhalb der Zeit und fernab von jeglicher Vernunft. Als Teenager lässt sie sich verzaubern, aufsaugen und bezwingen. Acht Jahre später ist sie nicht wirklich erwachsener geworden. Ihr Enkel Olivier spricht sogar davon, dass Picasso eine Welt geschaffen habe, aus der er alle Sorgen fernhielt und in die sie sich »eingeschlossen hat aus Sorge, dass er daraus verschwinden könnte«[68]. Wann immer Picasso nicht da ist, drängt er darauf, dass sie ihm jeden Tag schreibt. Das ist ja wohl ein Liebesbeweis, oder nicht?

Picasso hat eine neue Wohnung für sie angemietet, größer als die in der Rue de Liège. Und noch näher bei ihm. Sie verfügt über allen modernen Komfort, ein Schlafzimmer, ein Büfett im Esszimmer, ein richtiges Badezimmer. Dort verbringt sie ihr Leben damit, auf ihn zu warten, ohne Freunde, ohne andere Beziehungen als die zu ihrer Mutter und ihren Schwestern. Während seiner Abwesenheit macht sie ihre Gymnastik, geht schwimmen, rudern, Rad fahren. Ist er da, saugt sie seine Worte auf, wiegt sich in seinen Versprechen und schwört, kein anderes Leben haben zu wollen als das ihre.

Soll man ihr Glauben schenken, wenn sie vorgibt, nicht an Heirat zu denken, ihn nicht zu einer Scheidung drängen zu wollen? Marie-Thérèse ist der Titel »Madame Picasso« ebenso egal wie die Gemälde, die sie zeigen. Allerdings träumt sie sicherlich Tag und Nacht eine einfache schöne Geschichte: vor aller Augen mit ihm leben zu können, in einem hübschen Haus, mit einem Atelier, damit er arbeiten kann, einem Hund und Kindern, die im Garten spielen. Eine echte Familie, wie sie nie eine hatte. Doch sie ist nicht so dumm, das laut zu äußern.

Im Dezember erfährt sie, dass sie schwanger ist. Ihre Schwester Jeanne, die es ihr mitteilt, muss dafür in ihrem Krankenhaus irgendwelche Tests veranlasst haben. Doch wie soll sie das Picasso beibringen? Seine Reaktionen sind manchmal unvorhersehbar. Sie bricht in Tränen aus und wartet ein paar Tage ab. Am Weihnachtsabend gibt sie ihr Geheimnis schließlich preis. Entgegen jeder Erwartung ist der Maler überglücklich. Sie erinnert sich, dass er in Tränen ausbricht, sich ihr zu Füßen wirft und schwört, sich gleich am nächsten Tag scheiden zu lassen.

Kein Zweifel, er ist aufrichtig glücklich. Leben zu erschaffen, wird für ihn immer die höchste Form der Kreation sein. Doch diese Freude ist widersinnig. Sehr schnell wird er sich ausgetrickst fühlen, begreifen, dass er nun bis ans Ende seiner Tage mit dieser Frau verbunden ist, stärker noch, als wenn er sie geheiratet hätte. Und was auch immer er behauptet, er hat nicht wirklich die Absicht, sie zu heiraten.

Picasso ist besorgt wegen des Schocks, den diese Nachricht für Olga darstellen wird. Und er sorgt sich ganz zu Recht. Tristan Tzara erinnert sich an eine Szene im Jardin des Tuileries. Olga, die soeben von Marie-Thérèses Schwangerschaft erfahren hat, setzt sich auf eine Bank und brüllt los, prangert die Schandtaten ihres Ehemannes, des großen Malers, auf Russisch und Französisch lauthals an. Ein Polizist versucht sie zu beruhigen, doch auf ihn geht sie, so heißt es, mit dem Regenschirm los. Als Picasso eintrifft, beleidigt sie ihn, und Tzara, der bei ihm ist, wird als »Zuhälter vom Balkan«[69] beschimpft.

Hätte er sich eine solche Geschichte wirklich ausdenken oder eine andere Szene derart verzerren können? Die Freunde um Picasso haben sich gegen Olga verbündet, um sie als Furie darzustellen. Ich habe François Buot, einen der Biografen von Tzara, kennengelernt.[70] Ihm zufolge war der Dichter, der seine Verpflichtungen ernst nahm und in der Freundschaft treu war, niemand, der log oder aufschneiden musste. Schamhaft und verstohlen sei er gewesen hinter seiner wunderlichen Erscheinung und habe derart intime Erinnerungen außer MacGregor-Hastie niemandem anvertraut. Dieser englische Journalist hatte sich mit ihm angefreundet, ihm muss Tzara vertraut haben, und seine letzten Jahre hat er wohl damit zugebracht, der Komplizenschaft mit Picasso nachzutrauern. Und der Anwalt des Malers sagt, als er den Grund für das Scheidungsgesuch vorträgt, nichts anderes: »Sie ist tagein, tagaus damit zugange, ihrem Mann irgendwelche Vasen an den Kopf zu werfen, und lässt keine Gelegenheit verstreichen, ihn öffentlich bloßzustellen.«[71]

Laut Tzara hat Picasso nach dem Skandal in den Tuilerien beschlossen, sich scheiden zu lassen. Auf seinen, Tzaras, Rat hin soll er einen Anwalt aus Barcelona kontaktiert haben. Gleichzeitig befürchtet er, dass diese Trennung ihn ein Vermögen kosten wird. Ohne Ehevertrag müsste alles geteilt werden, vor allen Dingen seine Werke. Würde er wirklich so weit gehen?

Unterdessen erklären sie einander den Krieg, der schließlich seinen Höhepunkt erreicht. Das Ehepaar Picasso spricht nurmehr über die Anwälte miteinander. Ein Gerichtsvollzieher erstellt ein Inventar der Gemälde, und als Gipfel der Aggression zieht Olga mit ihrem Sohn in ein Hotel und wagt es, die Tür des Ateliers Rue La Boétie offiziell versiegeln zu lassen. Das war »die schlimmste Zeit meines Lebens«[72], wird Picasso darüber sagen. Marie-Thérèse muss sich hilflos fühlen. Selbst das Wetter spielt nicht mit. Eine schreckliche Kältewelle bricht über den Norden Frankreichs herein. In Paris hat es am 18. Mai geschneit, und in Boisgeloup liegen zwanzig Zentimeter Schnee. Dort darf Picasso ohnehin nicht mehr sein: In der Aufteilung, die allmählich Form annimmt, wird das Château Olga zugeschrieben. Und da Marie-Thérèse »in ihrem Zustand« nicht reisen kann, ist ihnen selbst die Côte d'Azur verboten.

Somit verbringen sie den Sommer 1935 zurückgezogen in Paris. Nach der Kälte dann die Hitze. Im Juni sind die Temperaturen geradezu tropisch: heftige Hitzewellen und schwere Gewitter. Marie-Thérèse erinnert sich an Spaziergänge im Park von Saint-Cloud, in Versailles oder Montsouris. Ohne auf die Details einzugehen, wirft sie sich vor, dass sie »in diesem Sommer nicht sonderlich amüsant war … Die Schwangerschaft schritt immer weiter voran, und ich wurde immer weinerlicher.« Häufig flüchtet sie sich nach Maisons-Alfort zu ihrer Mutter, wo sie am Ufer der Marne Abkühlung und Ruhe sucht. Manchmal begleitet Picasso sie, doch in das Atelier im Garten setzt er keinen Fuß mehr. Sowohl die

Scheidung als auch die Schwangerschaft seiner jungen Geliebten erfüllen ihn mit Angst, er kann einfach nicht mehr malen! Sein letztes Bild ist im Februar entstanden: *Intérieur avec une jeune fille qui dessine (Zeichnendes Mädchen drinnen).* Natürlich ist Marie-Thérèse darauf zu sehen, schläfriger als je zuvor, aber diejenige, die zeichnet, ist wieder Jeanne.

15

Geburt

5. September 1935, Marie-Thérèse entbindet in der Clinique du Belvédère von Boulogne-Billancourt: der angesagtesten Entbindungsklinik von ganz Paris. Picasso hat in wilder Verzweiflung vom Frauenarzt verlangt, ihr eine Vollnarkose zu geben, um sie nicht leiden sehen zu müssen. Die Technik ist noch nicht ganz ausgereift, aber auf das heftige Drängen des Malers hin hat der Arzt nachgegeben. Das Resultat: Das Kind kommt völlig betäubt auf die Welt, ist nicht in der Lage, einen Schrei auszustoßen. Der Vater ist umso erschütterter, als er selbst eine Totgeburt war und in letzter Minute durch den Rauch einer Zigarre wiederbelebt wurde. Die Legende um die Geburt von Maya besagt, Picasso habe den Moment ausgenutzt, als der Geburtshelfer ihm den Rücken zukehrte, habe sich das Baby geschnappt und angefangen, es zu massieren.[73] In seinen Händen soll das Mädchen ins Leben zurückgefunden und schließlich losgeschrien haben! Wir werden nie wissen, ob ein Wunder geschah, ob das Genie sogar über das Talent verfügte, Leben zu spenden, oder ob ganz prosaisch die Wirkung der Anästhesie nachgelassen hatte. Auf jeden Fall schafft eine solche Geburt eine lebenslange Verbindung.

Das Kind wird auf den Namen Maria de la Concepción getauft, im Gedenken an die jüngste Schwester von Picasso, die, als er elf Jahre alt war, an Diphtherie gestorben ist. Doch als sie zu brabbeln anfängt, sagt Maria immer *Maïa*. Und somit wird sie für immer zu Maya.

Offiziell hat sie keinen Vater. Da Picasso noch immer mit Olga verheiratet ist, ist es ihm tatsächlich per Gesetz verboten, sie als seine Tochter anzuerkennen. (Erst nach dem Tod des Malers und einem langen Verfahren wird Maya den Namen Picasso tragen.) Dessen ungeachtet scheint er sehr präsent und aufmerksam zu sein.

Als sie die Klinik verlässt, kehrt Marie-Thérèse in die Wohnung zurück, in der er sie während der Schwangerschaft untergebracht hatte, in die Rue La Boétie Nummer 44. Picasso umsorgt sie. Er kocht, wäscht, kümmert sich um das Kind. Er ist krankhaft besorgt und verlangt sogar von seiner leicht erkälteten Gefährtin, dass sie sich beim Stillen ein Taschentuch vor Mund und Nase bindet. Und nachmittags kehrt er dann zum Malen und Schlafen zu sich nach Hause zurück, zwei Minuten zu Fuß entfernt.

Diese Geburt lässt seine Leidenschaft für die junge Mutter wieder aufleben: »Du Blume, süßer als Honig, du bist mein Freudenfeuer«[74], schreibt er. Genau wie bei Olga nach der Geburt von Paulo. Er ist nach diesem Baby ebenso verrückt, wie er vierzehn Jahre zuvor nach seinem Sohn verrückt war. Maya macht die Abwesenheit des Teenagers, der nunmehr bei Olga lebt, wett. Vielleicht ersetzt sie ihn ja auch …

Picasso hat immer schon eine magische Verbindung zu Kindern gehabt.

Antony Penrose, der Sohn der Fotografin Lee Miller und des Surrealisten Roland Penrose, erinnert sich daran, wie Picasso mit ihm spielte, als er selbst vier oder fünf Jahre alt war: als wäre Picasso ein Kind im gleichen Alter. Eines Tages hat Anthony den Maler im Überschwang sogar gebissen. »Picasso hat sich umgedreht, mich seinerseits gebissen und ausgerufen: ›Das ist das erste Mal, dass ich einen Engländer beiße!‹« Er erinnert sich auch daran, dass sie viele Stunden damit zugebracht haben, in Ecken voller Spinnweben herumzustöbern, zusammen zu lachen und zu tuscheln, wobei sie ganz den Anschein erweckten, als würden sie sich perfekt verstehen. Dabei sprach der Maler kein Wort Englisch![75]

Picasso ist zum zweiten Mal Vater und begeistert sich jeden Tag angesichts der Fortschritte von Maya. Je mehr sie wächst, desto mehr liebt er sie.

16

Beständig in Sorge

»Waren Sie glücklich, als Maya geboren war?«, fragt Pierre Cabanne. »Nein, mir war sehr wohl bewusst, dass da ein Drama im Gange war. Er richtete es so ein ... Das werde ich Ihnen ja wohl nicht erzählen ... Also bitte ... Du lieber Himmel ...« Mit einem Mal ist sie ehrlich. Sie sucht nach den richtigen Worten, versucht aber nicht mehr, ihr Leben mit Picasso zu beschönigen ... Ihr Ton ist jetzt ernster, nicht mehr so kindlich. »Glücklich, aber besorgt?«, setzt Pierre Cabanne erneut an, denn er spürt, dass sie kurz davor ist auszupacken ... »Ja, beständig in Sorge«, seufzt Marie-Thérèse. »Das war ich immer schon, auch dann, wenn ich glücklich war, mir war nämlich sehr wohl bewusst, dass da etwas gewaltig schieflief.«

Es läuft etwas schief. Er ist immer distanzierter, weniger zärtlich. Der Sex ist immer noch das beste Barometer. Die Schwangerschaft war dem sicherlich nicht zuträglich. Doch es liegt nicht allein daran.

Er hat sich zwar offiziell von Olga getrennt, hält Marie-Thérèse aber immer noch versteckt. Abgesehen von Tristan Tzara kennt sie nur wenige seiner Freunde. Ein paarmal ist sie Nush und Paul Éluard begegnet, doch die sehen sie an, als wäre sie ein Dienstmädchen. Nie bittet Picasso sie, ihn auf Empfänge oder Vernissagen zu begleiten, ja noch nicht einmal ins Restaurant oder auf einen Kaffee ins Flore nimmt er sie mit. Er behauptet, damit schütze er sie, weil diese Menschen unerbittlich seien. Darauf fällt sie nicht herein, allerdings glaubt sie ihm aufs Wort, wenn er sagt, dass sie »die schönste Sache ist, die ihm je widerfahren sei«.

Sie zweifelt nicht daran, dass auch andere Frauen ihn umgarnen, doch von der leidenschaftlichen Affäre, die er seit mehreren Monaten mit der wunderschönen Dichterin Alice Paalen hat, weiß sie nichts. Man Ray hat die beiden eines Abends auf einer Party bei Freunden fotografiert. Zum Glück hat Marie-Thérèse dieses Foto niemals zu Gesicht bekommen!

Sie sind zu dritt auf dieser Couch, doch ich glaube kaum, dass jemand einen Blick für die andere Frau übrig hat, die rechts neben Alice sitzt. Wie Picasso hat jeder, der das Foto ansieht, nur Blicke für die ausgestreckt daliegende Braunhaarige. Aus einem Schal hat sie sich ein Bustier gemacht, das nur von einem Knoten zusammengehalten wird. Man kann nicht sagen, ob sie zu viel getrunken oder aber zu viel getanzt hat, Alice wirkt jedenfalls, als wäre sie lachend auf den Kissen zusammengesackt. Einen Arm streckt sie nach hinten, und es ist ihr völlig egal, dass sie damit ihre Achselhaare zur Schau stellt. Er hat nicht getanzt. Er hasst es, in der Öffentlichkeit mit den Hüften zu wackeln. Er sitzt neben ihr, fläzt aber nicht wie sie auf dem Sofa, sondern ist zurückgenommener, erstarrt, wie eine reglose Katze, die darauf wartet, sich auf ihr Opfer zu stürzen. Sie sind aufeinander fixiert und lächeln einander an, wie zwei, die bald zu Liebenden werden. Das Lächeln von Alice Paalen ist ganz unmissverständlich, breit, voller Hingabe, freudig. Das von Picasso ist etwas anzüglicher und zugleich kontrollierter: Er will ihr bedeuten, dass sie tun werden, was er will und wann er es will. Sie sehen einander an, ohne sich zu berühren, aber mit einer solchen Intensität, dass der Eindruck entsteht, er könnte jeden Augenblick aufstehen und sie mit sich ziehen. Er sieht sie so an, wie er Marie-Thérèse wohl nicht mehr ansieht.

Die Affäre endet unvermittelt, als der Ehemann von Alice Paalen, geplagt von rasender Eifersucht, droht, sich umzubringen. Doch die Nächste steht schon bereit. Im Deux Magots stellt Éluard Picasso eine junge hübsche Fotografin vor. Sie haben sich an einem Sonntag in Boisgeloup wiedergesehen. Sie fasziniert und verwirrt ihn. Sie nennt sich Dora Maar.

17

Suzanne 2

»Wie weit sind Sie inzwischen?«, fragt Suzanne. Sie ruft mich regelmäßig an oder schickt mir eine E-Mail, um sicherzustellen, dass ich weiter an der Geschichte dranbleibe. Und ich antworte jedes Mal, dass ich Fortschritte mache. Wäre ich mit dem Auto unterwegs, würde ich eine Kilometerangabe machen. Im Labyrinth eines Lebens nenne ich den Grenzstein, der am nächsten ist: die Geburt von Maya, das Aufeinandertreffen mit Dora ... Sie findet wohl, dass ich nicht schnell genug vorankomme. Wie eine Schülerin, die auf frischer Tat beim Schwänzen ertappt wird, bausche ich meine letzten Funde etwas auf: Ich hätte entdeckt, erzähle ich ihr, dass Maya erst im Alter von vierzehn Jahren offiziell von ihrer Mutter anerkannt worden sei. »Ja, das wird in ihrer Geburtsurkunde erwähnt«, antwortet Suzanne. »Zur damaligen Zeit war das bei alleinstehenden Müttern sehr gängig. Bestimmt wissen Sie nicht, dass Jeanne und Marie-Thérèse sich nach der Geburt überworfen haben!« Diese Geschichte findet man nicht in einem Melderegister ...

Suzanne zufolge hat sich in der Klinik folgende Szene zugetragen. Am Bett der jungen Wöchnerin: ihre Mutter,

Émilie-Marguerite, ihre beiden Schwestern und Picasso. Der Walter-Clan hätte jeden Grund, sich über dieses Neugeborene, dem es nach der schwierigen Geburt gut geht, zu freuen. Doch die Stimmung ist eisig. Sobald Picasso sich abgewandt hat, konfrontiert Émilie-Marguerite Jeanne mit ihrer Wut: »Hör auf, die beiden trennen zu wollen, du wirst sie jetzt gefälligst in Ruhe lassen!« – »Sie trennen«, »sie gefälligst in Ruhe lassen« … Auf was für ein Spiel Jeanne sich denn eingelassen habe, dass sie eine solche Wut auslöste?, frage ich Suzanne.

»Das weiß ich nicht, Sie sind die Schriftstellerin, nicht ich! Sie müssen sich doch nur vorstellen …« Nein, Suzanne, ich will mir rein gar nichts vorstellen! Weder Jeanne noch Picasso sind Protagonisten einer Fiktion. Ich werde mich nicht damit amüsieren, ihnen eine Affäre anzudichten! Suzanne sucht nach Worten, ist etwas geniert … »Ich habe immer gedacht, dass da etwas passiert sein muss, ohne genau zu wissen, was. Hätten Sie sie gekannt, dann – das kann ich Ihnen versichern – hätten auch Sie es nicht gewagt, ihr diese Frage so unumwunden zu stellen … Sie war nicht ohne, diese Jeanne!«

»Erzählen Sie mir von ihr …«

»Wir haben uns an der École des Beaux-Arts kennengelernt. Das können Sie schreiben … Sie muss so um die fünfundsechzig Jahre alt gewesen sein und hat endlich ihren Traum wahr gemacht: malen und zeichnen zu lernen, mehr über Kunstgeschichte zu erfahren, sich mit Keramik zu befassen. Sie war die mutigste unter den Studenten, die charismatischste. Ganz schön dreist. Unglaublich frei. Sie konnte einem sehr wohl gleich mor-

116

gens sagen: ›Himmel, du stinkst.‹ Sie hatte keinen Filter. Ich sehe sie noch in ihrem Cabrio mit ihrem perfekten Dutt, gekleidet in lebhaften Farben, häufig auch in Blasslila.« Ich merke an, dass Blasslila auch die Lieblingsfarbe von Marie-Thérèse gewesen sei, doch Suzanne fährt unbeirrt fort, von ihrer Freundin zu sprechen, so als hätte sie mich nicht gehört. »Sie hat sehr oft von Picasso gesprochen. Sie kannte sein Werk in- und auswendig. Vor allem seine Keramiken. Für mich steht außer Frage, dass sie ihn geliebt hat, mehr als man einen Künstler liebt, und das bis an ihr Lebensende …«

Wie ihre Mutter es verlangt, gibt Jeanne dennoch nach, zieht sich zurück und lässt das Paar in Ruhe. Ohne Überzeugung, ohne Leidenschaft verlobt sie sich mit dem ersten Anwärter, der ihr unterkommt: Gabriel, ein junger, hervorragender Arzt, der sie schon seit ein paar Monaten umwirbt. Er oder ein anderer, was spielt das schon für eine Rolle? Sie heiraten nur sechs Monate nach der Geburt von Maya und dem Streit. Geneviève, die älteste Schwester, ist die einzige Trauzeugin. Weder Marie-Thérèse noch ihre Mutter nimmt an der Hochzeitsfeier teil. Émilie-Marguerite hat ihr Lager gewählt.

18

Er langweilte sich

In seinen Memoiren erzählt Sabartés, dass er Picasso am 25. März 1936 »nach dem Abendessen an die Gare de Lyon begleite[te]«[76]. Aus Verschwiegenheit verzichtet er darauf, zu erwähnen, dass auch Marie-Thérèse und Maya zu besagter Reisegruppe gehören.

Sabartés ist sowohl der treueste Freund des Malers als auch sein Sekretär, sein Intendant, sein Gesellschafter und sein Mitbewohner. Sie haben sich in Barcelona kennengelernt, als sie gerade mal achtzehn waren. Ein bisschen Dichter, ein bisschen Bildhauer, ein bisschen Journalist. Ein subtiler Tausendsassa, aber ohne Genie. Als Picasso 1935 wieder Kontakt zu ihm aufnimmt, kommt er aus Guatemala zurück, wo er eine Zeitung geleitet hat, ohne ein konkretes Projekt zu haben. Das trifft sich gut, denn überwältigt von den Sorgen, die mit der Scheidung und der Geburt von Maya einhergehen, bittet Picasso ihn, zu ihm nach Paris zu kommen und ihm zu helfen. Also trifft Sabartés am 12. November 1935 aus Barcelona ein und richtet sich in der Rue La Boétie ein.

Die Freunde leben wie ein altes Junggesellenpärchen zusammen. Jeden Morgen weckt Sabartés den Maler mit einem Frühstück am Bett, bringt ihm seine Briefe und

Zeitungen. Den ganzen Tag über kümmert er sich um Picasso, seine Termine und seine Briefwechsel, sortiert die Auktionskataloge und die Einladungen, nimmt Anrufe entgegen, sieht die Besucher, entziffert und tippt die Gedichte, die Picasso auf Französisch oder Spanisch ohne Satzzeichen auf alle irgendwo herumliegenden Zettel schreibt, mit der Schreibmaschine ab. Doch er ist immer bereit, in seinem Tun innezuhalten, sobald der Maler verlauten lässt, dass er ausgehen oder diskutieren wolle, auch noch spät in der Nacht. »Auf diese Weise sind wir beide das wahrhaftige Abbild der Einsamkeit zu Zweien«[77], vertraut er Brassaï an. Schweigend erträgt er die Abwesenheit, die Stimmungsschwankungen und die Undankbarkeit, ja, er prahlt sogar damit, den Prügelknaben zu spielen, ist es doch der höchste Beweis seiner Unentbehrlichkeit. »In den Dienst von Picasso getreten, wie man ins Kloster eintritt«,[78] fasst Brigitte Leal es zusammen. Doch Sabartés' mönchische Diskretion geht mit einer erbitterten Frauenfeindlichkeit einher: In seinem Buch mit den Gesprächen und Erinnerungen erwähnt er nicht ein einziges Mal den Namen einer der Frauen, die seinen Herrn und Meister regelmäßig aufsuchten. Er erwähnt ja noch nicht einmal seine eigene Frau, die doch das Zimmer mit ihm teilte.

Brassaï hat ihn im Übrigen gefragt, warum die Frauen von Picasso in seinen Memoiren nicht auftauchen: »Sie könnten besser als jeder andere davon erzählen ...« – »Viel zu gut!«, hat Sabartés darauf geantwortet. »Aber mir ist der Mund verschlossen, mir ist dieses Thema tabu [...] Und was seine Amouren betrifft, so beschränke ich mich darauf, ihren glücklichen Einfluss auf seine Malerei festzustellen, die immer den Kurven der Liebe folgt ... Aber ist es wirklich notwendig, die Frauen zu erwähnen, alle aufzuzählen, die in seinem Leben eine Rolle gespielt haben? Ich glaube es nicht; die Frauen verschwinden – die Bilder bleiben ...«[79]

Hätte er festgehalten, was er dachte, hätte er über Dora Maar schreckliche Notizen zurückgelassen, in Bezug auf Marie-Thérèse, die ihm zufolge zumindest die Rechtmäßigkeit besaß, Mutter zu sein, sowie die Bescheidenheit, an ihrem Platz zu bleiben, wäre er wohl etwas nachsichtiger gewesen.

Im Frühling 1936 registriert der Vertraute, dass Picasso sich noch mehr beschwert als sonst. Die Ausstellung in der Galerie Rosenberg ist ein solcher Erfolg, dass er den lieben langen Tag bestürmt wird: »Warum kann man mich nicht in Ruhe lassen?! ... Ich öde sie doch auch nicht an, indem ich sie um Rat frage!«[80]

Mit jedem Tag nimmt seine Verärgerung zu. Am 25. März ist Marie-Thérèse, nachdem sie gegessen hat, wie jeden Abend mit dem Baby allein zu Hause. Sie nimmt an, dass Picasso arbeitet oder mit Freunden ausgeht, doch plötzlich taucht er ganz aufgeregt bei ihr auf. Er sagt, sie müssten sofort und unter größter Geheimhaltung aufbrechen. Nur Sabartés und Marcel, sein Fahrer, sind ins Vertrauen gezogen worden. Sie sitzen bereits unten im Hispano Suiza, bereit, zum Bahnhof zu fahren.

Also packt Marie-Thérèse in aller Eile den Koffer. Gern würde sie ihre Mutter informieren, doch Picasso sagt, sie werde ihr von dort schreiben. Mit ihm würde sie bis ans Ende der Welt gehen. Er spricht davon, für mindestens drei Monate zu verschwinden. Es ist das erste Mal, dass er ihr vorschlägt, so lange zusammenzuleben.

Bei ihrer Ankunft in Juan-les-Pins findet er eine Mietgelegenheit in der Rue du Docteur-Hochet: die Villa Sainte-Geneviève. »Ein Häuschen mit entzückendem Garten und direkt am Meer«[81], schreibt er Sabartés. Es ist groß genug, dass er dort ungestört von Marie-Thérèse oder dem Baby arbeiten kann. Zudem liegt es gut versteckt am Ende einer ruhigen Straße, sodass keiner sie beobachten kann.

Und doch erdrückt ihn diese Abgeschiedenheit, dieser fast eheähnliche Zustand recht bald. Es gelingt ihm, etwas zu malen oder zu zeichnen, doch Marie-Thérèse mit ihrer unschuldigen, naiven Art, die ihn einst so erfreut hat, verärgert ihn. Bildet er sie schlafend oder mit Maya im Arm ab, liegt darin immer eine große Zärtlichkeit für sie. Andere Werke aus diesem Frühling verraten die Traurigkeit des Modells. Die *Dormeuse aux persiennes (Schlafende Frau mit Fensterläden)* vom 25. April vermittelt den Eindruck, als würde sie mit geschlossenen Augen weinen. Wenn er sie zeichnet, wie sie Zeitung liest, ist sie eine hart arbeitende Schülerin, die mit dem Finger die Worte entlangfährt, um sie zu entziffern. Am 9. April macht er zum ersten Mal eine ziemlich vulgäre Matrone aus ihr, eine Frau mit einem riesigen Hintern, der über den Stuhl hinausragt. Wir sind hier weit entfernt von *Le Rêve (Der Traum)* von 1932 …

Doch mehr, als er malt, schreibt er. Er ergießt seine Gefühle und Befindlichkeiten auf Papier, auf Französisch oder auf Spanisch, als automatische, surrealistische und hermetische Gedichte. Worte wie auf Papier geworfene Farbe. Er schreibt auch seinen Freunden, vor allem Sabartés, den ein derartiger brieflicher Aufruhr beunruhigt. Das ist immer ein Anzeichen dafür, dass es Picasso schlecht geht. Am 23. April verkündet Picasso ihm dann: »Von heute Abend ab [lasse ich] das Malen, Bildhauern, Kupferstechen und Dichten bleiben, um mich ausschließlich dem Gesange zu widmen.« – »Die ironischen Bemerkungen und die Scherze auf Katalanisch verdecken seine innere Unruhe«[82], hält Sabartés sehr zutreffend fest.

Als er mit Olga lebte, hatte sein englischer Freund Roland Penrose »Picassos instinktive Angst in einer Falle zu sitzen«[83] beobachtet. Aus denselben Gründen, mit denselben Auswirkungen, nur ist es dieses Mal Marie-Thérèse, durch die er sich gefangen fühlt! Die Heimlichtuerei war aufregend, die Routine wird erdrückend. »Das ganze Meer [würde nicht ausreichen], um all die Bitterkeit fortzuspülen«[84], sagt Sabartés angesichts der Bilder, die der Maler aus Juan-les-Pins mitbringt.

Marie-Thérèse hat keine Zeichnung gebraucht: Sie hat sehr wohl gemerkt, dass seine Gefühle für sie sich im Lauf dieses Familienaufenthalts verändert haben. »Sehen Sie, ihm war langweilig«[85], gibt sie traurig zu, als sie, Jahre später, ein paar Fotos von der Villa Sainte-Geneviève zeigt.

Noch immer hofft sie, dass es ausreicht, sich in Geduld zu üben, und sie unternimmt verzweifelte Anstrengungen, ihm angenehm zu sein, vermeidet es, ihn mit

Fragen oder Beschuldigungen zu bombardieren. Brav zieht sie sich in eine Ecke zurück und kümmert sich um Maya, die bereits sieben Monate alt ist. So konsequent, dass der Banker von Picasso, der einzige autorisierte Besucher, sie für die Frau des Gärtners hält.

Wenn Maya schläft, nutzt Marie-Thérèse die Gelegenheit, um Sport zu treiben oder einzukaufen, oder aber sie taucht in schnulzige Seifenopern ab, um zu vergessen. »Von Anfang an schon weine ich mit Picasso …«, hat sie gesagt. Bestimmt abends und in aller Stille, allein in ihrem Bett.

Picasso geht zu Bett, nachdem er einen Großteil der Nacht gearbeitet hat, und steht spät auf. Er spielt mit Maya, dann liest er seine Post und seine Zeitung. So erfährt er am 27. April 1936, dass der Front populaire auf dem besten Weg ist, die zweite Runde der Parlamentswahlen zu gewinnen. Doch darüber kann er mit Marie-Thérèse nicht sprechen … Éluard hat bestimmt recht: Er bräuchte eine kultiviertere, engagiertere Frau an seiner Seite. Zwischen den Zeilen der Briefe, die er erhält, liest Sabartés heraus, »… dass die spärliche Begeisterung, die ihn von Paris fortführte, zur Neige gegangen ist.«[86] Am selben Tag schreibt Picasso an Dora Maar.[87] Dann verkündet er, er habe einen Brief von seinem Anwalt bekommen, in dem dieser ihm rät, während des Scheidungsverfahrens vor allen Dingen nicht mit seiner Geliebten zusammenzuleben.

»Also bin ich, nett wie ich bin«, sagt Marie-Thérèse, »das Herzchen, das ich war, nach Cannes gefahren, im Taxi, und habe, als ich gerade mal nicht stillen musste,

zwei Rattankoffer gekauft. Da hat er seine ganzen Leinwände, seine Arbeit, hineingepackt.« – »Nett« ist für sie
immer noch besser als »unterworfen«, doch je mehr
Jahre verstreichen, desto mehr vermischt sich beides.

Den besagten Brief vom Anwalt habe ich in den
Archiven nicht gefunden. Doch ob er nun existiert oder
nicht, er ist der ideale Vorwand für Picasso, nach Paris
zurückzukehren.

19

Auf ihn warten

Sie weiß nicht viel, aber sie hat fast alles verstanden. Picasso hat beschlossen, den Sommer 1936 mit seiner neuen Gruppe von Künstlerfreunden in Mougins zu verbringen. Untereinander nennen sie sich »die glückliche Familie«. Für Marie-Thérèse ist es eher »die unglückliche Familie«. Sie kennt diese Menschen kaum und ist immer misstrauisch: Éluard und sein hochnäsiges Frauenzimmer, dürr wie ein Besenstiel, der überaus herablassende Penrose, der gleichgültige Man Ray und der einschüchternde Breton.

Picasso verlangt noch immer nach täglichen Briefen, auch wenn er nur selten antwortet, oder aber mit einer einfachen Postkarte voller Arabesken, um sie einzuwickeln. Ende August trifft dann endlich ein richtiger Liebesbrief ein: »Ich sehe dich vor mir meine wunderschöne Landschaft MT und kann mich nicht sattsehen an dir ausgestreckt auf dem Rücken im Sand meine geliebte MT ich liebe dich MT meine aufgehende alles verzehrende Sonne Du bist immer auf mir MT madre de perfumes funkelnd von Jasmin durchbrochene Sterne Ich liebe dich mehr als den Geschmack deines Mundes mehr als deinen Blick mehr als deine Hände mehr als deinen gesamten Körper mehr und mehr und mehr und mehr als alles je lieben könnte Liebe all meine Liebe für dich und ich unterzeichne Picasso.«[88]

Dieses automatische Schreiben und die Wörter, die ohne irgendeine Zeichensetzung aufeinanderfolgen, ersparen es ihm vermutlich, nachzudenken oder sie erneut zu lesen. Er muss sie in einem Schwung zu Papier gebracht haben, an einem Tag, als er Marie-Thérèse vermisste oder als sie drohte, bei ihm aufzukreuzen. »Liebesschwüre sind für Picasso reinste Routine«[89], schreibt Pierre Cabanne.

Sie hat diesen Brief wieder und wieder gelesen, hat darübergestreichelt, ihn geküsst … Und wie immer hat sie geantwortet, freundlich, erleichtert, wieder etwas Hoffnung schöpfen zu können. Eine Freundin hätte sie mit der Absurdität dieses Lebens, in dem sie sich einschließt, konfrontieren können, mit ihrer Blauäugigkeit. Doch es gibt niemanden, dem sie sich anvertraut. Mit ihrer Schwester Jeanne hat sie sich noch immer nicht versöhnt. Sie bleibt allein, hat nur Maya und ihre Mutter, die ihr rät, geduldig zu sein, ist sie doch davon überzeugt, dass man nicht ständig auf solch großzügige Männer trifft.

Warten ja, aber worauf? Zurück in Paris, ist er ständig unterwegs, nicht zu greifen. Offiziell ist er mit seiner Arbeit und seinen Verpflichtungen beschäftigt, in der Rue La Boétie kommt er nur noch auf einen Sprung vorbei. Hat kaum die Zeit, seinen Hut abzusetzen. Er spielt ein bisschen mit Maya, dann verschwindet er wieder unter dem Vorwand, dass er zu spät dran sei, dass Arbeit auf ihn warte oder er Rückenschmerzen habe.

Was hat sie auf ihn gewartet ... »Ich bekam durchaus mit, dass er etwas ausging ... wir verstehen uns schon ...« Er versucht, sie einzulullen, findet tausend Ausreden für seine Abwesenheit, wiederholt ständig, dass sie die Liebe seines Lebens sei – diese Braunhaarige auf seinen Gemälden wird ihn dennoch verraten. »Er hatte einmal gesagt: ›Ich zeichne nur, was ich liebe‹, und als ich mich nicht mehr darauf sah, sagte ich mir: Oh, es sieht schlecht aus ...«

Die ersten Vermutungen sind wahrscheinlich noch mit einem Lächeln, einem Streicheln oder einfach mit Schweigen abgefertigt worden. Doch so dumm ist sie nicht, sie hakt weiter nach, beschwert sich darüber, vernachlässigt zu werden. Von Tag zu Tag wird die Nette immer missmutiger. »Wenn du wüsstest, wie Marie-Thérèse darunter litt, als ich daranging, Dora Maar zu porträtieren«[90], erzählt Picasso Françoise Gilot, der Nachfolgerin. Manchmal flüchtet Marie-Thérèse zu ihrer Mutter, wo er dann kleinlaut auftaucht, um sie abzuholen und um Verzeihung zu bitten. Und natürlich verzeiht sie ihm!

Statt ihm Vorwürfe zu machen, wirft sie sich vor, unangenehm und jähzornig zu sein: »Das Leben in Paris macht mich wütend. Kein Garten, nichts mehr, traurig.« Was für ein bequemer Vorwand, das Leben in Paris ... Wenigstens hat Marie-Thérèse verstanden, dass sie, um sich zu retten, aufs Land flüchten muss: »Ich hielt es für besser, auf dem Land zu sein.« Ihn zu verlassen, daran denkt sie nicht einmal.

Picasso hat die Lösung: Da er weiß, dass Olga ihm den Zugang zu den Ateliers in Boisgeloup verbietet, hat sein Freund und Händler Ambroise Vollard ihm ein Haus in Tremblay-sur-Mauldre zur Verfügung gestellt, etwa vierzig Kilometer von Paris entfernt, hinter Versailles. Das ist das Beste für alle.

20

Wir brauchten niemanden

Marie-Thérèse zieht im Herbst 1936 nach Tremblay. Maya ist ein Jahr alt und läuft noch immer nicht. Das Haus von Ambroise Vollard ist ein stattliches Bauernhaus in der Grande-Rue, gekauft auf Empfehlung von Blaise Cendrars, um den Maler Rouault dort unterzubringen, doch es hat nie jemand darin gewohnt.

Ich habe nur ein einziges Foto von diesem Gebäude gefunden, Naturstein, von einer wunderschönen Kletterrose überwuchert. Andere in Tremblay aufgenommenen Fotos haben die ersten Schritte von Maya im Hof festgehalten oder einen zärtlichen Moment zwischen ihr und ihrem Vater. Roland Penrose schreibt, dass es »… eine schöne Scheune mit einem großen, auf den Garten blickenden Fenster gab«[91]. Sabartés erwähnt einen Obstgarten, einen alten Brunnen, einen Taubenschlag.

Der Landstrich ist ebenso schön wie der um Boisgeloup. Und das Haus ist zum Glück leer, Marie-Thérèse kann ihre Möbel mitbringen und sich hier heimisch fühlen. Ein entspanntes, ruhiges Leben etabliert sich: Die Woche über ist sie allein mit Maya, häufig auch mit ihrer Mutter, Émilie-Marguerite, und manchmal ihrer älteren Schwester Geneviève zusammen. Und von Freitag bis

Sonntag kommt Picasso ins traute Heim, wie ein Handelsvertreter, der nach einer Reise nach Hause zurückkehrt. Er hat sich in der Scheune ein Atelier eingerichtet, in dem er den ganzen Tag über ungestört arbeiten kann.

Je älter Maya wird, desto mehr Zeit verbringt er in Tremblay.

Je älter Maya wird, desto verrückter ist er nach diesem Kind, das ihm so sehr ähnelt.

Je älter Maya wird, desto häufiger zeichnet er sie.

Und Marie-Thérèse findet heraus, dass die Anziehungskraft, die ihr Kind auf Picasso ausübt, sehr viel größer ist als die einer Geliebten. Sie ist kein bisschen mehr »rasend«, hat ihre gute Laune wiedergefunden, ihre Frische, ihre Treuherzigkeit – wohingegen ihre Rivalin in Paris nach und nach an Hochmut einbüßt und zu der weinenden Frau wird, die man aus seinen Bildern kennt.

Was machen da schon seine Abwesenheiten? Sie erzählt ihrer Familie – und überzeugt sich letztlich auch selbst – von diesem wunderbaren Papa, der viel in Paris arbeitet, sie aber über alles liebt und zu ihnen kommt, sobald es ihm möglich ist. Was, im Grunde genommen, nicht ganz falsch ist.

Von seinem Pariser Leben weiß sie so gut wie nichts. Doch je weniger sie weiß, desto besser geht es ihr. Von seinem neuen Atelier in der Rue des Grands-Augustins erzählt er ihr kaum etwas. Bei *Guernica* ist sie vor allem von der Größe beeindruckt, und davon, dass es ihm gelungen ist, das Werk in weniger als einem Monat fertigzustellen, genau rechtzeitig für den spanischen Pavillon der Weltausstellung. Der Weggang von Sabartés könnte sie schon mehr interessieren. Dafür müsste er aber zugeben, dass es Dora Maar gelungen ist, den allmächtigen Sekretär zu verdrängen. Manchmal beklagt Picasso Marie-Thérèse gegenüber seine Scheidung, die von Franco annulliert worden ist, oder den Unterhalt, den Olga bezieht. Doch grundsätzlich spricht er so wenig wie möglich darüber.

Sobald er eintrifft, bittet er Marie-Thérèse, ihn einen Moment lang allein zu lassen. Er braucht eine halbe Stunde Stille, um von einer Welt in der anderen anzukommen. Dann ruht er sich bei ihr und Maya aus, muss nicht mehr nachdenken, keine Konversation am Laufen halten, weder auf Gesuche reagieren noch seinen Rang als bedeutender und nunmehr gebundener Künstler aufrechterhalten.

»Mir war egal, dass er berühmt war«, sagt sie. »Im Übrigen bin ich berühmter als er, schließlich bin ich auf den Gemälden zu sehen.« Picasso stört sich nicht daran, dass ihr sein Erfolg egal ist, dass sie für die Malerei unempfänglich ist und so etwas sagt wie: »Ach, du hast heute Morgen wieder gemalt«[92], wie sie sich über einen Bäcker als Ehemann wundern würde, wenn er mal wieder Brot gebacken hat. Wenigstens hat sie verstanden, dass er arbeitet. »Er arbeitete und arbeitete, wie ein Engel.«

Sie ahnt, dass er sich in Paris mit anderen Frauen trifft, vor allem mit dieser Braunhaarigen, die sie nicht mehr in seinen Bildern sehen will. Doch aus den Augen, aus dem Sinn. »Ich wusste, dass nichts in Ordnung kommen würde, aber wir waren noch immer zusammen. Wir brauchten niemanden, um glücklich zu sein.«

Auf Picasso trifft das nicht zu. Doch Marie-Thérèse braucht wirklich nur ihn ... Also begnügt sie sich mit den friedvollen, zärtlichen Wochenenden. Im Schutz dieses Hauses, dieses Dorfes und dieser Welt, die er für sie erschaffen hat, wiegt sie sich in der Illusion, die Einzige zu bleiben, oder aber die Liebste.

Sein Leben teilen und seine Gemälde teilen, irgendwann gewöhnt sie sich daran. Sie kommt leichter damit zurecht als Dora, die vor Eifersucht fast wahnsinnig wird, als sie entdeckt, dass Picasso wieder angefangen hat, Marie-Thérèse zu malen.

Eines Nachts, als Dora von einem Abend bei Marie-Laure de Noailles zurückkommt, bittet die schöne Fotografin ihren Taxifahrer, sie nach Tremblay zu bringen. Bei Tagesanbruch lässt sie sich im Abendkleid vor dem Tor absetzen. Eine Szene wie aus einem Film ... Es ist so früh, dass die drei bestimmt noch schlafen. Das Kind in der Wiege. Picasso und Marie-Thérèse in ihrem Bett. Sie stellt sie sich hinter den geschlossenen Fensterläden eng umschlungen vor. Tränenüberströmt steigt sie wieder ins Taxi und lässt sich nach Paris zurückbringen.

Marie-Thérèse gibt vor, es niemals gewagt zu haben, Picasso dergestalt nachzuspionieren. Sie hätte dann das Gefühl gehabt, gegen ein Tabu zu verstoßen. Stärker unterworfen, weniger Ego, eine größere Distanz zur Realität, so etwas schützt natürlich. Le Tremblay bietet ihr die Illusion eines Liebesnests. Picasso ermöglicht ihr dort ein angenehmes Leben, ihr stehen ein Hausmeisterehepaar und zwei Hausangestellte zur Verfügung. Zum Spaß, oder aber weil er die Vornamen der Zugehfrauen durcheinanderbringt, nennt er sie stattdessen Marie-Thérèse. Das amüsiert ihn wohl.

Seit Marie-Thérèse den Führerschein hat, besitzt sie auch ein Auto! Ein hübsches Cabrio, ein Geschenk von Picasso. Im Sommer 1938 bezahlt er ihr den Urlaub in Chamonix. Marie-Thérèse ist begeistert: Sie liebt es, an der frischen Luft zu sein, die Wanderungen in den Bergen, und mit ihren drei Jahren fängt auch die Kleine an herumzustiefeln.

Es bestätigt sich wieder einmal, dass man alle Daten und Zahlen überprüfen muss, die sie mit solcher Unverfrorenheit verbreitet, dass man sie mit einer außergewöhnlichen Erinnerung gesegnet glaubt. In dem Interview mit France Culture vertut sie sich mit ihrer Ankunft in Tremblay um ein Jahr. Sie rühmt sich, jeden Tag »mindestens hundert Kilometer Rad zu fahren, über zehn Kilometer zu schwimmen und schon ab vier Uhr in der Früh zu rudern«! Natürlich übertreibt sie, mit ihren 64 Jahren und der Frechheit eines Mädchens, das davon überzeugt ist, dass man ihm seine Flunkereien abnimmt. Sie lügt auch, weil sie sich nie in einem anderen Bereich als diesem hervorgetan hat, und sie legt noch eine weitere Schippe drauf in der Hoffnung, so noch mehr zu strahlen.

Wie soll man Lügen von den Ausschmückungen der Erinnerung unterscheiden, wenn einem nur dieser kleine, einstündige Mitschnitt als Quelle dient? Ein Satz hat mich schon beim ersten Anhören durcheinandergebracht: »Zufrieden, dass ich Ihnen das alles erzähle?«

21

Die andere

Erst der Krieg kann den unauffälligen Charme von Tremblay und das fragile Gleichgewicht stören, das der Meister zwischen seinen beiden Geliebten etabliert hat.

Picasso hat Dora Maar die Existenz von Marie-Thérèse und Maya niemals vorenthalten. Marie-Thérèse musste sich im Gegenzug damit begnügen, Hinweise zu sammeln und im Verlauf der Gemälde das Phantombild einer Dunkelhaarigen mit vielen Rundungen herauszuarbeiten. Aber sie haben sich noch nie gesehen. Das erste Mal werden sie sich in Royan über den Weg laufen.

Picasso ist im Mai 1939 als Vorhut zunächst allein mit seinem Fahrer dorthin gefahren, hat sich auf die Suche nach einem Haus für die Ferien seiner geliebten Tochter gemacht. Was das Aufwachsen von Kindern betrifft, hat er unverrückbare Prinzipien.[93] Seiner Meinung nach müssen sie während der ersten Jahre zunächst einen Sommer am Ufer der Manche zubringen, wo die Luft belebend und die Hitze erträglich ist (also hat er sie 1937 in die Normandie geschickt). Werden sie größer, erlaubt ihnen die südliche Atlantikküste, sich an höhere Temperaturen zu gewöhnen. Und später dann, sehr viel später, kommt das Mittelmeer ... Maya wird bald vier, alles scheint auf Royan hinzudeuten, während er sich mit Dora an der Côte d'Azur erholt.

Der Unfalltod von Ambroise Vollard, seinem treuesten Händler, sowie das unmittelbare Bevorstehen des Krieges werden seine Pläne jedoch zunichtemachen.

Die erste schlechte Nachricht erreicht ihn in Antibes, in einer Wohnung, die ihm Man Ray zur Verfügung gestellt hat. Am 22. Juli erfährt er durch ein Telegramm von Sabartés[94], dass Ambroise Vollard bei einem Autounfall ums Leben kam, bei dem er auf ganz tragische Weise von einer Bronze von Maillol erschlagen wurde, als sein Auto sich überschlug.

Die ehrliche Betrübnis von Picasso verstärkt sich noch durch eine Form der Identifizierung mit dem Opfer und einen gewissen Aberglauben: Wie Vollard ist auch er viel mit dem Auto unterwegs, wie bei Vollard heißt auch sein Fahrer Marcel, und somit fühlt er sich davon bedroht, wie Vollard von einem Moment auf den anderen sterben zu können ... Also fährt er mit dem Zug allein zur Beerdigung nach Paris und ein paar Tage später mit Sabartés zurück, um bei der Corrida von Fréjus dabei zu sein ... Letzteres mit dem Auto, damit es schneller geht.

Wie im Juli schreibt er Marie-Thérèse weiterhin, sie sei sein Ein und Alles, niemals könne er ihre Liebe vergessen, nur für ihre Erinnerung lebe er ... Er erwähnt etwas von seiner Arbeit, spricht aber niemals vom Krieg. Vielleicht, weil er sie nicht beunruhigen will.

Die Atmosphäre wird düsterer. Selbst in der freudigen Künstlerclique, die noch am Strand und abends in den

Cafés von Antibes unterwegs ist. Zunächst sehen sie den ersten von Panik erfassten Abreisenden verächtlich hinterher, doch der Mobilmachungsbefehl für den Hausmeister des Gebäudes, in dem sie wohnen, ist das Signal zum Aufbruch mit einem Zug, in dem die letzten Sommerfrischler sich zusammenquetschen.

Am 27. August 1939 ist Picasso zurück in Paris. Am 28. schickt er Marie-Thérèse ein Telegramm: »Fahrt nicht von Royan weg, ehe ich euch Bescheid gebe.«[95]

Das trifft sich gut, die Idee, von dort wegzufahren, ist ihr nicht einmal in den Sinn gekommen. In Royan kann sie ganz nach Lust und Laune schwimmen, Rad fahren und Gymnastik machen oder auch an den Heiligenfesten teilnehmen. Die Villa Gerbier-de-Jonc ist ein kleines Paradies ohne Schnickschnack, dort fühlt sie sich wie eine Prinzessin, umgeben von ihrem Hofstaat: ihrer Mutter Émilie-Marguerite, ihrer älteren Schwester Geneviève und einem Kindermädchen, das Picasso eingestellt hat und das sich um Maya kümmert.

Vielleicht hat sie ein zweites Telegramm bekommen, in dem ihr die unmittelbare Ankunft von Picasso angekündigt wurde, vielleicht hat er es aber auch vorgezogen, sie zu überraschen ... Marie-Thérèse liebt Überraschungen.

Er trifft am 2. September 1939 ein, genau 24 Stunden vor der Kriegserklärung, im Schlepptau Dora Maar, den reumütig zurückgekehrten Sabartés mit seiner Frau, Kasbek, seinen afghanischen Windhund und seinen Fahrer Marcel. Die ganze Gruppe zieht ins Hotel du Tigre, in dem Picasso drei Zimmer reserviert hat. Und während

Dora ahnungslos ihre Koffer auspackt, verkündet er, dass er eine Runde durchs Viertel machen will.

Eine Runde, das kann viel sein. Es sind drei Minuten zu Fuß die Avenue Albert I. entlang bis zur Nummer 102, wo sich Marie-Thérèse und Maya eingerichtet haben. Vor Ort habe ich sogar festgestellt, dass man von den Fenstern des Hotel du Tigre aus den Balkon ihres Hauses sehen kann. Was für ein untreuer Mann hat die Idee, seine beiden Geliebten in so unmittelbarer Nähe zueinander unterzubringen?

Eigenartigerweise glückt dieser Drahtseilakt drei Monate lang. Von September bis Dezember gelingt Picasso die herausragende Leistung, ein Doppelleben auf winzigstem Raum zu führen, ohne dass eine der beiden Frauen etwas von der Anwesenheit der anderen ahnt. Dora erzählt er, er habe etwas die Straße hinunter ein Atelier angemietet, in dem er sich jeden Nachmittag zum Malen einschließe. Marie-Thérèse erzählt er, er schlafe im Hotel um die Ecke, um etwas unabhängiger zu sein und mit Sabartés arbeiten zu können. Und alles stimmt, das ist das Geheimnis der besten Lügner: Er hat wirklich ein weiteres Zimmer im Zwischengeschoss der Villa Gerbier-de-Jonc bei Marie-Thérèse angemietet, das in ein Atelier umgewandelt wurde, und er muss wirklich in Sabartés Nähe sein, mit dem er jeden Vormittag für lange Spaziergänge und Gespräche in der Stadt verschwindet.

Gérard Dufaud, ein in Royan lebender Herausgeber, Kunstliebhaber und Autor, hat dem Aufenthalt von Picasso in seiner Stadt ein Buch gewidmet, das von Mayas

Erzählungen durchdrungen ist und mit einem Vorwort von ihr versehen wurde. Ihm wie auch ihr zufolge kommen die beiden Frauen dem Mann erst Anfang Dezember auf die Schliche … eine Posse in drei Akten:

Akt I: Wie so häufig am Vormittag geht Marie-Thérèse, als sie vom Markt zurückkommt, am Hotel vorbei. Für gewöhnlich ist Picasso um diese Zeit mit Sabartés in der Nähe des Hafens. Sie schauen dort regelmäßig bei einem Antiquitätenhändler, in einem Auktionssaal oder im Café des Bains vorbei. Doch an diesem Tag überrascht sie ihn, wie er mit einer sehr hübschen Dunkelhaarigen aus dem Auto aussteigt. Und Marie-Thérèse erkennt sie: Das ist die Frau von den Gemälden! Doch Picasso ist ein Genie! Wie ein Akrobat landet er immer wieder auf den Füßen: Automatisch eilt er lächelnd auf Marie-Thérèse zu, als wäre er sehr glücklich, sie zu sehen, und küsst sie verliebt vor den Augen von Dora, die nun ihrerseits wankt. Still und leise.

Akt II: Doch Marie-Thérèse lässt sich nicht hinters Licht führen, wie benommen kehrt sie nach Hause zurück. Ganz naiv nimmt sie an, dass diese Frau gerade erst angekommen ist. Nie würde sie auf die Idee kommen, dass sie schon seit drei Monaten da ist … Wortlos gehen der Maler und Dora auf ihr Zimmer. Sobald die Tür hinter ihnen zu ist, lässt sie ihrer Wut freien Lauf. Das gesamte Hotel du Tigre soll den heftigen Streit gehört haben. Pierre Cabanne schreibt, Picasso habe sie »mit voller Wucht geohrfeigt« und »sie bewusstlos liegengelassen«[96].

Akt III: Am Nachmittag geht Marie-Thérèse nach unten, um Picasso in seinem Atelier aufzusuchen. Seit ihrer Zeit in Tremblay hat sie etwas mehr Selbstsicherheit erlangt. Ohne sich um seine Reaktion zu sorgen, fragt sie, wer diese Frau vor dem Hotel gewesen sei. »Eine geflüchtete Spanierin, der geholfen werden musste«, antwortet er ruhig.

Jetzt ist es an Marie-Thérèse, in Tränen auszubrechen. Bestimmt ist sie völlig verdutzt, dass er es wagen konnte ... »Oh, du kannst leiden und weinen, aber ich bin noch unglücklicher als du«, verteidigt sich Picasso ... »Als könnte ich diesen Schwachsinn ertragen«, seufzt die alte Dame bei der Erinnerung. Und doch hat sie ihn so lange ertragen, diesen ganzen Schwachsinn.

Auf Anraten ihrer Mutter erträgt sie alles schweigend und beschließt, sich mit anderen Mitteln zu schlagen: indem sie sich nicht mit ihm streitet, indem sie ihm ihre Launen und ihr Leiden erspart. Sie hat solche Angst, ihn zu verlieren.

Und im Unterschied zu Dora ist Marie-Thérèse nicht allein hier in Royan. Abgesehen von ihrer Mutter, die einen starken Einfluss auf sie hat, unterhält sie Freundschaften zu der Frau von Sabartés und den Besitzern der Villa, die im Erdgeschoss leben. Ein ganzer Clan umgibt sie mit Zuneigung, deutlich mehr Menschen, als zu ihrem Familienkreis gehören. Selbst der strenge Sabartés, der sehr mit seinem Lächeln geizt, geht mit ihr herzlicher um als mit Dora.

Um kämpfen zu können, muss sie jedoch ihre eigenen Stärken und Schwächen wie auch die ihrer Rivalin kennen. Ich glaube, dass Émilie-Marguerite ihre Hand im Spiel hatte: hinter ihrer scheinbaren Fügsamkeit versteckt sich eine echte Powerfrau und Strategin. Sie musste die Gedichte von Picasso nicht lesen, um zu erahnen, was ihm an ihrer Tochter gefällt: »Sie macht kein Aufhebens, schreit nicht, weint nicht, ist immer sehr verschmust und sanftmütig, sagt nur dann etwas, wenn sie ihn streicheln will.«[97] Du hast es verstanden, er mag dich zugewandt, sanft, streichelnd. Er liebt dich auch für Maya. Das wird dein Schlachtplan.

Vor Picasso schluckt Marie-Thérèse ihre Tränen und ihren Stolz herunter, sie hüllt sich in Sanftheit, ihre Waffe ist die Freundlichkeit, während sich die weinende Frau an ihrer Bitterkeit und ihrem Ressentiment selbst vergiftet. Gar nicht so dumm, Marie-Thérèse!

Um die Krise abzuwenden, sieht Picasso nur eine Lösung: für ein paar Tage nach Paris verschwinden, wohin er Dora Maar mitnimmt. Er hat das Gefühl, sich als Schiedsrichter aufspielen zu müssen, um die beiden Frauen, die sich in den Haaren liegen, zu trennen, und vergisst darüber, dass allein er für diese schreckliche Situation verantwortlich ist. Als Grandseigneur erhofft er sich auch, dass ein kleiner Ausflug Dora erlauben wird, etwas durchzuatmen. Um Marie-Thérèse macht er sich weniger Sorgen; die glaubt er mit ein paar »Ich liebe nur dich« einwickeln zu können.

Das ist das dritte Mal, dass er nach Paris und wieder zurück fährt, seit er sich nach Royan geflüchtet hat. Ein erster Katzensprung dorthin hat es ihm ermöglicht, ein paar administrative Formalitäten zu regeln, die mit seinem Status als Ausländer zu tun hatten. Doch er muss sich auch regelmäßig mit Leinwänden, Papier, Farbe sowie einer Staffelei eindecken, Dingen, die er in Royan nicht findet. Außerdem wird es immer drängender, die Ateliers in Boisgeloup, Tremblay und La Boétie zu leeren und seine Werke im Atelier der Grands-Augustins oder im Banksafe einschließen zu lassen. Dora Maar hofft, bei der Gelegenheit ihre Eltern und Freunde sehen und ein bisschen durchzuatmen zu können, weit weg von dieser toxischen Abgeschiedenheit.

Die gute Nachricht für sie ist, dass ihre beste Freundin bald in Royan eintreffen wird, Jacqueline Lamba, die Ehefrau von André Breton. Jacqueline kennt den Ort in der Charente gut, denn sie hat als Kind oft ihre Ferien dort verbracht. Sie nutzt die Gelegenheit, sich Dora und Picasso anzuschließen, um ihrem Mann näher zu sein, der als Militärarzt in Poitiers eingezogen wurde. Wenn alles gutgehe, werde er am Wochenende zu ihnen stoßen. Und Picasso bietet ihnen ein Zimmer im Hotel du Tigre an.

Der 13. Januar 1940 stellt für Dora Maar also eine riesige Erleichterung dar. Aber nichts wird so ablaufen, wie sie es sich erhofft hat. Jacqueline taucht nämlich mit ihrer Tochter Aube in Royan auf, und die ist im selben Alter wie Maya.

Aube Elléouët Breton lebt heute in der Region Touraine. Von ihrem Aufenthalt in Royan sind ihr nur ein paar verschwommene Erinnerungen geblieben. Tage am Strand mit Maya und Picasso, der sie mit Bonbons vollstopft.

Der Maler hat es eilig, dass die beiden Kinder sich kennenlernen, damit sie zusammen spielen können, und im gleichen Zug lernen sich auch die Mütter kennen. Was für eine schöne Revanche für Marie-Thérèse, die sich diebisch darüber freut, sich am Strand oder in den Straßen von Royan mit der besten Freundin ihrer Rivalin zu zeigen. Außer den Kindern im selben Alter haben sie nichts gemein, auch keine gemeinsamen Interessen. Aber sie sind beide blond und werden häufig verwechselt, oder aber, besser noch, man hält sie für Schwestern. Jacqueline macht das etwas verlegen, aber Picasso verstimmt man nicht, und Dora ist geradezu verrückt vor Eifersucht, umso mehr, als sie soeben erfahren hat, dass sie steril ist.

Zurückgezogen in diesem Hotel ohne jeden Charme, verbringt sie ihre Tage mit dem Malen von finsteren Stillleben, ertränkt ihren Kummer in Gedichten oder schreibt Picasso, was sie ihm niemals sagen könnte, ohne zu weinen: »Mein Geliebter, ich mache alles, was sein muss, um geliebt zu werden, doch ich glaube, dass du mich tatsächlich nicht liebst. Vergib mir, ich bitte dich. Ich bin verrückt vor Liebe, wirklich verrückt vor Liebe für dich [...] Wie konntest du dich nur ab und an von mir verurteilt fühlen? Seit ich dich kenne, empfinde ich nichts als Vergötterung und Bewunderung für dich.«[98]

Die Bewohner von Royan begnügen sich damit, den Maler zu beobachten, mal in Begleitung einer hochmütigen Brünetten, die wenig lächelt, mal mit einer lachenden und sympathischen Blondine. Das Urteil der breiten

Öffentlichkeit ist unwiderruflich: Dora ist die Böse, Marie-Thérèse die Nette.

»Vergessen Sie nicht, dass Picasso nur für seine Malerei lebt«, sagte John Richardson, als ich ihn traf. Er wechselt von einer Frau zur anderen, ohne Übergang und ganz ungeniert. Die eine wie die andere wird instrumentalisiert, vergegenständlicht, dient seinem Werk.

In Royan malt und zeichnet er häufig auch Maya. Oft mit ihrer Puppe Nanette. Und, nicht zu vergessen, *Mémé*, die berühmte Émilie-Marguerite, die ihre Welt mit liebevoller, aber fester Hand dirigiert und ein Liedchen anstimmt, um die Stimmung zu heben.

Picasso hat ein neues Atelier gefunden, dieses Mal etwas weiter weg vom Epizentrum des Psychodramas, das erst durch ihn entstanden ist. Das erste Atelier im Zwischengeschoss von Marie-Thérèse war zu dunkel, dieses ist lichtdurchflutet: Die drei Fenster der Villa Les Voiliers gehen zum Meer. »Das wäre perfekt für einen Maler von Seelandschaften«, sagt er häufig lachend. Es wird aber auch für ihn sehr gut sein.

Leider geht die »*drôle de guerre*, der komische Krieg«[99] zu Ende. Die echten Feindseligkeiten beginnen. Eine Blitzoffensive lässt die französischen Truppen bluten. Im Mai dann die Katastrophe. Im Juni fallen die Deutschen in Paris ein, Pétain verkündet, dass die Kämpfe aufhören müssen, und bittet um Waffenstillstand. Die an den Besatzer abgetretene Nordzone beinhaltet die gesamte Atlantikküste bis hinunter zu den Pyrenäen, wo den möglichen Landungen der Alliierten begegnet werden soll. In Royan lassen sich die Besatzer im Hotel de Paris nieder, dem Gebäude, das an Picassos Atelier angrenzt. Deutsche Soldaten haben auch das Haus von Tremblay beschlagnahmt. Er macht sich Sorgen um seine Gemälde, Marie-Thérèse um ihren Besitz.

22

Suzanne 3

Suzanne war ein paar Wochen verschwunden. Ich hatte mich weniger für Jeanne interessiert, da ich wusste, dass sie sich ab 1935 von Marie-Thérèse entfernt hatte. Ja, ich hatte sogar angefangen, die Bedeutung dieser jüngeren der beiden Schwestern überhaupt in Frage zu stellen.

Eines Morgens rief Suzanne mich schließlich an: »Und, wie weit sind Sie?« Jede Unterhaltung mit ihr beginnt so abrupt, sie verliert keine Zeit mit höflichem Geplänkel.

Über meine Zweifel verliere ich kein Wort. Ich erzähle ihr nur, dass ich gerade aus Royan zurück bin, wo mich die Nähe zwischen dem Hotel du Tigre und der Villa von Marie-Thérèse überrascht hat. Und ich wage einen wenig konventionellen Kommentar: »Wie verdorben!«

»Vielleicht … doch Sie vergessen die Umstände«, ruft sie mir sehr richtig in Erinnerung. »Am Vorabend des Krieges hat Picasso gute Gründe, die Frauen, die er liebt oder auf die er nicht verzichten kann, um sich zu versammeln …« Wie bei Guernica fürchtet er Bombenangriffe. Wie 1914 befürchtet er einen grausamen, endlosen Konflikt. Wenn er könnte, würde er alle um sich scharen, alle, mitsamt den Kindern, in einem Haus. Sogar Olga und Paulo würde er zu sich holen, wären sie nicht in der Schweiz. »Am liebsten hätte er ein großes Schloss gehabt«, plaudert Marie-Thérèse aus. »… und in jedem Zimmer eine seiner Frauen. Wie die Araber.«[100]

Der tragische, beängstigende Kontext schließt eine Prise Verdorbenheit jedoch nicht aus.

Ich nutze diesen Austausch, um Suzanne zu fragen, wo Jeanne während dieses schrecklichen Krieges und unter der Okkupation gelebt hat.

Sie glaubt zu wissen, dass sie schon vor dem Krieg mit ihrem Mann nach Reims gezogen ist. »Als er eingezogen wurde und dann in Gefangenschaft landete, hat Jeanne sich eine Weile allein mit den Kindern durchgeschlagen. Sie hat auch erzählt, dass die Deutschen ihr Haus okkupiert hätten. Aber sie war keine, die einen mit ihren Kriegsgeschichten überhäufte, also weiß ich auch nicht mehr.«

Als Suzanne sie kennenlernt, hält Jeanne in ihrer Praxis kaum noch Sprechstunden ab. Vielleicht ist sie sogar schon in Rente, ohne dass sie dieses Wort jemals ausgesprochen hätte. Sie begeistert sich für Keramikarbeiten und hat offenbar einen eigenen Brennofen gehabt. Sie kümmert sich auch um ihren Garten, liebt ihre Dahlien. Außerdem erlernt sie die japanische Kunst des Blumenarrangierens und stellt wunderschöne Sträuße zusammen. Und wenn sie zu jemandem Vertrauen gefasst hat, betet sie ihre Erinnerungen an ihren Freund Picasso herunter.

23

Was für ein dreister Kerl

Royan ist kein Zufluchtsort mehr.

Wie so viele andere berühmte Künstler es tun, könnte sich auch Picasso in die freie Zone im Süden zurückziehen oder aber versuchen, an Bord eines Schiffs mit Zielhafen New York zu gehen. Doch zu keinem Zeitpunkt erwägt er, zu fliehen und Maya, Marie-Thérèse und … seine Bilder zurückzulassen. Dann schon lieber Paris, auch mit den Deutschen. Er glaubt, dort sicherer zu sein, weil er dann zu Hause und somit besser informiert wäre. Also macht sich die Truppe aus dem Hotel du Tigre in die Hauptstadt auf, und zwar in dem Moment, in dem Picasso das beschließt, am 25. August 1940.

Nur Marie-Thérèse, Maya und die Großmutter bleiben noch ein paar Monate an der Atlantikküste, zusammen mit den Raphanauds, den Besitzern des Hauses. Auf dem Markt treffen sie manchmal die Dame, die Picasso immer noch das zweite Atelier vermietet, das mit dem Blick zum Meer. In ihren Memoiren erinnert sich Andrée Rolland, dass Marie-Thérèse ihr anvertraute: »Ich bleibe für meinen kleinen Schatz.« Sie habe sich auch Sorgen gemacht, ob Picasso wohl daran dachte, seine Miete zu zahlen: »Er könnte das gut und gern vergessen!

Sollte er es vergessen, dann sagen Sie es mir ...« Madame Rolland schloss daraus: »Nett, das sagte sie aus Nettigkeit, bereit, jemandem behilflich zu sein ... doch es war ihr auch wichtig, klarzustellen, dass sie noch eine intime (und bestimmt auch freundschaftliche) Beziehung zum Vater ihrer Tochter unterhielt.«[101] Sie war so lange versteckt gewesen. Der Aufenthalt in Royan erlaubte ihr endlich, sich zu zeigen. Endlich als die Gefährtin von Picasso anerkannt zu werden, als die Mutter seiner Tochter. Sie kann diesen neuen Stolz einfach nicht abschütteln.

Da sie nicht in ihr Haus in Tremblay zurückkehren können, ziehen Marie-Thérèse und Maya zur Großmutter nach Maisons-Alfort, bis sie eine Wohnung in Paris gefunden haben. Sie schlägt Picasso zwei zur Auswahl vor: die erste direkt gegenüber dem Atelier der Grands-Augustins, die zweite etwas weiter weg auf der Île Saint-Louis. Da er sich bei seiner Posse von Royan die Finger verbrannt hat, wählt Picasso die Adresse, die weiter von seinem Atelier entfernt ist. Marie-Thérèse hätte die andere Wohnung bevorzugt, doch sie findet sich damit ab. Niemals würde sie sich erlauben, seiner Entscheidung zu widersprechen. Und wie in Tremblay vor dem Krieg findet sich ein Stundenplan, der bis ins kleinste Detail durchgetaktet ist: Von Montag bis Freitag widmet Picasso sich Dora Maar, seinen Freunden, seinem gesellschaftlichen Leben und seiner Malerei, und am Wochenende verschwindet er zu Marie-Thérèse und Maya, wo er ebenfalls arbeitet. Nur Sabartés kennt die genaue Adresse: in der vierten Etage des Hauses 1, Boulevard

Henri-IV. Es kommt aber vor, dass Dora sonntags dort anruft. Sie muss die Nummer im Telefonbuch gefunden haben: ODE 2973. Zum Glück ist es immer Picasso, der abhebt, und wenn Marie-Thérèse fragt, wer angerufen hat, sagt er: »Die argentinische Botschaft.«

Paris ist besetzt. An den offiziellen Gebäuden flattern Naziflaggen. Alle Gedanken und Gespräche drehen sich um die Rationierungen, die Versorgung, den Mangel, den Schwarzmarkt, die Sperrstunde ... Durch die Blume erwähnt man gelegentlich die Freunde, die sich dem Widerstand angeschlossen haben, die Verhaftungen und Razzien. Dennoch können jene, die über die entsprechenden Mittel verfügen, ein nahezu normales Leben führen. Picasso zum Beispiel hat die entsprechenden Kontakte und die nötigen Netzwerke, damit es ihm an nichts fehlt. Jeden Vormittag empfängt er in der Rue des Grands-Augustins Bewunderer, manchmal sogar deutsche Soldaten, zu Mittag isst er im Catalan, einem nahegelegenen Restaurant, und am Nachmittag arbeitet er, häufig bis spät in die Nacht. An manchen Abenden trifft er sich mit Freunden im Flore, im Deux Magots, bei Lipp oder auf einer der improvisierten Partys bei Michel Leiris, Marie-Laure de Noailles oder Simone de Beauvoir.

Marie-Thérèse wohnt ganz in der Nähe von Saint-Germain-des-Prés, ist aber Lichtjahre von diesem geistreichen Künstler- und Intellektuellenmilieu entfernt. Sabartés hat sich darum gekümmert, ihre Möbel und Sachen aus Tremblay holen zu lassen. Sie hat sich problemlos in diese neue Routine eingefunden, lebt allein mit ihrer Tochter, zeitweilig kommt ihre Mutter dazu. Und jeden Tag geht sie in der Rue des Grands-Augustins vorbei, um die fünf Kilo Kohlen abzuholen, die Picasso für sie reserviert. Je nach Lieferung legt Inès, die Haushälterin, etwas Butter, Milch oder Wurst für sie zur Seite ... Marie-Thérèse würde ihnen gern auch etwas von der echten Marseiller Seife stibitzen, aber Picasso hütet seine Vorräte wie Goldbarren.

Andererseits macht er ihr luxuriöse Geschenke: Handtaschen, Hüte oder Kleider von bekannten Modeschöpfern ... Häufig Modelle, die er auch für Dora kauft.

Man weiß nicht so genau, ob er alles doppelt bestellt, um sich das Leben zu vereinfachen, oder ob ihm die Idee kam, Marie-Thérèse das gleiche Kleid zu kaufen, nachdem er Dora darin gesehen hat ...

Vor dem Krieg war Dora Maar eine treue Kundin von Balenciaga, doch der spanische Modeschöpfer, der sich nach dem Sieg von Franco nach Paris gerettet hatte, musste jegliche Arbeit einstellen. Gabrielle Chanel hat ihre Ateliers geschlossen, Madeleine Vionnet hat Konkurs angemeldet, und Schiaparelli ist in den USA im Exil. Also kleiden sich die beiden Geliebten von Picasso bei Jacques Heim ein, einem Modeschöpfer jüdischer Herkunft, der sich dem Widerstand angeschlossen hat und von einem Arier ersetzt wurde. »Eines Tages gehe ich mir eine Kollektion von Heim ansehen«, erzählt Marie-Thérèse, »und da sehe ich sie ... Die Hexe, wie wir sie nannten.« – »Ich habe das gleiche Kleid wie Sie«, wirft Dora Maar ihr an den Kopf. »Er hat Ihnen die gleichen Kleider gekauft?«, tut Pierre Cabanne erstaunt. »Ja, das Monster hat sie uns geschickt, natürlich ohne es uns zu sagen … Was für ein dreister Kerl, wirklich, wenn ich nur daran denke!«

Doch der Maler kommt bei diesem Spielchen letztlich etwas durcheinander. Oder aber das Haus Jacques Heim hat, aus Versehen, die Pakete vertauscht. Auf dem Kleid, das an Marie-Thérèse geliefert wird, stehen der Name und die Adresse von Dora Maar: 6, Rue de Savoie. Erzürnt darüber, dass diese das Recht hat, direkt neben dem Atelier zu wohnen, beschließt Marie-Thérèse, ganz dreist dort aufzukreuzen.

Mit zunehmendem Alter ist sie so: immer nett und gehorsam, solange Picasso da ist, doch manchmal lässt sie sich zu einer impulsiven Anwandlung hinreißen: »Ich klingele, stelle meinen Fuß in die Tür … und wir fangen an zu reden. Und da sagt sie doch, ich hätte ihm absichtlich ein Kind angehängt … Oh, da habe ich nicht gelacht … Ich habe gesagt: ›Unmöglich! Wenn ich sie doch nur dahin zurückbringen könnte, wo ich sie gefunden habe!‹«

Egal wie sehr sie ihre Tochter liebt, dieser Satz ist einfach so aus ihr herausgeplatzt. Und über dreißig Jahre später ist ihr Empfinden noch genau dasselbe, findet ebenso überrascht Ausdruck wie einst. Zunächst interpretierte ich es so, dass sie von der Freiheit träumte: Vielleicht stellte sie sich vor, dass sie ihn ohne dieses Kind hätte verlassen, einen Jungen ihres Alters heiraten, eine glückliche Ehe führen können. Doch Maude Julien hat mich eines Besseren belehrt: Marie-Thérèse war derart hörig, dass sie sich ein Leben ohne Picasso nicht einmal vorstellen konnte. Wenn sie also überlegt, dieses »Kind dahin zurückzugeben, wo sie es gefunden hat«, dann offenbart sie damit nur den Wunsch, wieder zur Auserwählten zu werden, zur Einzigen, zu jenem jungen Mädchen, in das er so schrecklich verliebt war.

Ein paar Stunden später ist sie wieder bei ihm, um ihre Kohlen abzuholen. Sie ist nach dem Schlagabtausch mit Dora noch immer wütend, und die Wut macht sie verwegen: »Hör mal, so langsam solltest du an deine Scheidung denken, damit wir heiraten können.« Recht schwammig zieht sich Picasso aus der Affäre: »Du weißt doch, mein Engel, dass das gerade nicht möglich ist, mit Hitler, dem Krieg ...« Im selben Augenblick klingelt es an der Tür, und Dora taucht auf.

Marie-Thérèse übertreibt die Szene vor dem Mikro, das ihr hingehalten wird, lässt ihre Rivalin theatralisch und mit lächerlich hoher Stimme sagen: »*Pablo Picasso, lieben Sie mich, lieben Sie mich?*‹ Und er – und ich sage jetzt nicht, dass er einen auf Sarah Bernhardt machte, aber er griff mir in den Nacken, nahm meine Hand ...« Und ganz ruhig, wie um zwischen zwei zankenden Mädchen zu schlichten, erklärt er: »Dora Maar, Sie wissen ganz genau, dass ich einzig und allein Marie-Thérèse Walter liebe, und basta!« Von ihrem kleinen Sado-Maso-Spiel bekommt Mayas Mutter nichts mit, vielmehr stellt sie sich, gerührt und stolz, vor, dass die andere gekränkt verschwinden wird. Doch dem ist nicht so. Dora ist keine, die so schnell den Rückzug antritt. »Also mache ich ganz unvermittelt einen auf Gangster: ›Das ist ja alles schön und gut, aber so langsam sollten Sie verschwinden.‹ – ›Ich bin hier zu Hause‹«, entgegnet Dora Maar ...

Picasso sagt kein Wort mehr. Reglos ergötzt er sich am Spektakel dieser beiden jungen Frauen, die bereit sind, seinetwegen handgreiflich zu werden. »Vielleicht dachte er sich: Oh wie nett, das kann ja heiter werden ...« Die Brünette und die Blondine stehen einander gegenüber, keine von beiden ist bereit nachzugeben. »Das war ein Stier, dieses Mädchen, ich packe sie an den Schultern, und ich war wirklich kräftig [...] Wums, bekomme ich eine Backpfeife. Wieder packe ich sie und stoße sie zur Tür. Sie ist gegangen. Es ist nicht weiter eskaliert.«

Marie-Thérèse ist vielleicht naiv genug, sich darüber zu freuen, dass sie die »Hexe« vertrieben hat, oder die »Schleimerin«, wie Maya sie nennt. Doch sie ist auch hellsichtig genug, zu erahnen, dass diese Rivalität Picasso im besten Fall amüsiert. Er muss sie dazu beglückwünscht haben, wie man ein Kind zu etwas beglückwünscht. Und dann, weil das alles ja schön und gut ist, reicht er ihr die Kohlen und schiebt sie liebevoll zur Tür.

Das einzige bekannte Foto von Marie-Thérèse und Picasso stammt wohl aus jener Zeit. Sie posieren mit ihrer Tochter, die fast sieben Jahre alt ist, auf dem Balkon am Boulevard Henri-IV. Ein fast schon klassisches Familienfoto, zur Feier von Mayas später Taufe. Das Mädchen trägt ein hübsches weißes Kleid und dazu passende Söckchen, Schleifchen um die Korkenzieherlöckchen, und mit der rechten Hand klammert sie sich an der Hose ihres Vaters fest. Er hält lässig eine Gitane zwischen den Fingern und wirkt losgelöst, als hätte er es eilig, die Fotosession hinter sich zu bringen. Marie-Thérèse hingegen sieht ganz so aus, als erlebe sie gerade den schönsten Tag ihres Lebens. Sehr elegant, in einem grauen Kostüm, die Haare mit einem gepunkteten Schal zurückgebunden, so wie Simone de Beauvoir es macht. Doch ihr Lächeln wirkt ein bisschen steif, als posiere sie neben einem Star, der sie einschüchtert.

Auf einem anderen Foto von Maya und ihrem Vater, ein paar Monate später auf demselben Balkon, ist zu sehen, dass Picasso nicht nur die Kleider in zweifacher Ausführung kaufte. Er hatte seiner Tochter auch den gleichen Hund geschenkt wie Dora: einen kleinen weißen Griffon, den er häufig zum Spaß nachbildete, indem er ihn aus Papier ausschnitt. Der Hund von Maya hieß Riki. Wie der von Dora Maar hieß, habe ich nie herausgefunden ... Er ist eines Abends in Paris verschwunden, zu der Zeit, als sie so langsam den Boden unter den Füßen verlor, das war 1944. Sie behauptete, er sei ihr gestohlen worden.

24

Schmach

Das letzte Gemälde, das Marie-Thérèse zeigt, ist ein Aquarell vom August 1944 mit dem Titel *Portrait d'une femme (Porträt einer Frau)*. Noch immer ist sie nicht anerkannt, noch immer wird sie nicht genannt, ist kaum zu erkennen. Seit Royan inspiriert sie ihn nicht mehr sonderlich. »Ich habe andere Visagen gesehen, die nicht meine waren …« Das ist die Schmach, die jeder Muse droht. Ab und an wirft sie also einen Blick auf die Leinwände, nur um herauszufinden, wer ihren Platz eingenommen hat.

Seit 1940 dreht sich bei ihm alles um Dora Maar. Immer stärker entstellt, verzerrt vom Schmerz. Ein schwacher Trost … Und am Wochenende zu Hause zeichnet er eher Maya: während sie schläft, mit einem Hut auf dem Kopf, einem Spielzeug in den Händen … Er füllt das blaue Heft, das Marie-Thérèse als »Spaßalbum« bezeichnet. Wie um zu sagen, dass es sich bei diesen Arbeiten um nichts Ernstes handelt. Um die Komplizenschaft zwischen Vater und Tochter herunterzuspielen. Man kann sich vorstellen, dass sie irgendwann anfängt, sich ausgeschlossen zu fühlen, wenn sie die beiden lachen und zusammen spielen sieht.

Es ist nicht sicher, ob sie die neue »Visage« entdeckt hat, die 1943 auftaucht: ein junges Mädchen mit ovalem Gesicht, großen Augen und langen gewellten Haaren. Françoise Gilot ist erst 22. Er hingegen bereits 62. Sie ist Malerin, verwegen, unabhängig. Schnell wird sie zu seiner neuen Muse, und auf einen Schlag sind sowohl die Brünette als auch die Blondine abgehakt.

Allerdings weiß Marie-Thérèse nichts davon. Nie ist sie vormittags eingeladen, wenn die anderen vorbeikommen. Sie begegnet weder Cocteau noch Sartre oder Brassaï, isst nicht mit ihnen im Catalan zu Mittag. Seit einiger Zeit ist es sogar noch schlimmer: Picasso, der Zeit für Françoise haben will, verlangt nun von ihr, dass sie sich ankündigt und nicht mehr spontan aufkreuzt, um ihre Kohlen zu holen.

Er wiederum kommt nur noch donnerstags und sonntags, wenn Maya keinen Unterricht hat, und bleibt auch nicht mehr über Nacht. Er nutzt die Zeit, um sich von Marie-Thérèse die Haare und die Fingernägel schneiden zu lassen. Aus Aberglauben, weil er seit jeher befürchtet, er könnte mit einem Fluch belegt werden, sollte ein anderer etwas von ihm in die Finger bekommen. Und Marie-Thérèse ist die Einzige, der er nicht misstraut und bei der er weiß, dass sie alle seine Schnipsel aufbewahrt.

Ich stelle sie mir vor, wie sie die Reliquien in einen dafür bestimmten Umschlag steckt und diesen in ihrem »Schatzkästchen der Geheimnisse« verstaut, wie sie es nennt: ein kleiner schwarzer Sack, in dem sie auch ihren Bubikragen und die Seidenkrawatte von ihrem ersten Tag, ein paar Zigarettenstummel und eine Haarsträhne aufbewahrt. Diese Relikte besitzen für sie eine gewisse Magie. Bestimmt betrachtet sie sie, berührt sie und richtet ihre geheimen Gebete an sie … Pierre Cabanne sieht darin eine Mischung aus Verehrung und Kinderei. Ich habe gelesen, dass Marabut und afrikanische Heiler in ihren Zaubern für ein Wiederaufleben der Zuneigung Fingernägel und Haare verwenden. Vielleicht hat sie das ja auch gelesen … Für Maude Julien sieht es wohl so aus, als würde Marie-Thérèse diese abgeschnittenen Fingernägel als »einen greifbaren Beweis ihrer Bedeutung an seiner Seite« erachten. Und als glaube sie, es wäre ein Sakrileg, diese »Trophäen« wegzuwerfen! Psychoanalytiker sprechen auch von Fetischismus oder einer OCD beziehungsweise Zwangsstörung des Sammelns, die an einen melancholischen Zustand gekoppelt ist, einem Verhalten, das häufig nach einer Trauerphase oder bei Liebeskummer zu beobachten ist, aber für gewöhnlich nicht das ganze Leben über anhält …

Am 13. Juli 1944 schreibt Picasso ihr wie jedes Jahr zum Geburtstag: »Du bist immer die beste der Frauen gewesen. Ich liebe dich und umarme dich von ganzem Herzen.«[102] Als sie liest, dass sie »immer gewesen ist«, hätte ihr auffallen können, dass er in der Vergangenheit von ihr spricht, doch wie immer behält sie nur das »ich liebe dich« zurück.

August 1944, das Ende des Krieges naht. Die Amerikaner sind in der Normandie gelandet, und in Paris sehen sich die Deutschen mit einem Widerstand konfrontiert, der vom bevorstehenden Sieg weiter angekurbelt wird. In dem von Barrikaden durchzogenen Saint-Germain-des-Prés wird geschossen, also geht Picasso nicht mehr nach draußen. Die Schüsse jagen ihm Entsetzen ein. Man erzählt ihm, auf der Île Saint-Louis würde etwas weniger herumgeballert, also nutzt er einen Moment der Waffenruhe und »ist gekommen, um sich im Boulevard Henri-IV zu verstecken. Er stand am Fenster, während unten Barrikaden errichtet wurden.« Marie-Thérèse hat eine schöne Formel gefunden, ein hübsches Oxymoron: »Wir haben uns schön gelangweilt.« Sich mit ihm langweilen, das ist immer eine Freude. Man kann die Sanftheit dieser Sommertage erahnen, heiß und müßig trotz der Kämpfe. Man versteht, dass sie glücklich ist, eingeschlossen in dieser Wohnung, die wieder zu einem Liebesnest wird, auch wenn draußen Schüsse fallen.

Sie hat gesehen, wie im Garten unter ihren Fenstern Kinder abgeknallt wurden, als wären es Hasen, und doch kann Marie-Thérèse nicht umhin, sich zu freuen. Sie hat ihren Pic wieder. Niemand geht nach draußen. Niemand wartet auf ihn. Wenn er arbeiten will, hat er sein Atelier bei ihr. Um sich die Zeit zu vertreiben, machen sie Fotos mit Maya und dem Hund. Er legt sich in der Unterhose zum Sonnen auf den Balkon. Und wenn ihm langweilig ist, zieht er von einem Fenster zum anderen oder zeichnet abwechselnd die Mutter und das Mädchen, wie früher. Er zeichnet auch die junge Tomatenpflanze, die auf einer Fensterbank wächst.

Die Befreiung ist ein einziges Freudenfest! Doch für Marie-Thérèse geht sie mit der traurigen Rückkehr zur Normalität einher: Picasso kehrt in seine Wohnung zurück. Er kommt nicht wieder zu ihr. Und auf die Revolution, die bevorsteht, ist sie nicht vorbereitet.

Er wird plötzlich aufhören, ein »großer Maler zu sein, und stattdessen ein Star werden«[103], stellt Françoise Gilot fest, die das nunmehr an vorderster Front beobachten kann. Galeristen von überall auf der Welt kämpfen um seine Gunst und seine Gemälde. Die GIs geben sich bei ihm die Klinke in die Hand, als würden sie den Eiffelturm besichtigen. Einer muss sich sogar zu Marie-Thérèse hineingeschlichen haben: Sie hat einen Militärhelm fotografiert, der in ihrem Wohnzimmer lag, unter einem Gemälde, auf dem *Maya au tablier rouge (Maya mit roter Schürze)* zu sehen ist. Was für eine Erinnerung!

25

Suzanne 4

»Da sind Sie ja wieder! Ich nehme an, der Krieg ist jetzt vorbei!«, ruft Suzanne, die wie immer gleich nach dem ersten Klingeln abhebt. Nachdem ich bestätigt habe, dass Paris sehr wohl befreit ist, lässt sie mich triumphierend wissen, dass es dann ja wohl endlich an der Zeit sei, Jeanne wiederzufinden.

Tut mir leid, Suzanne, Jeanne habe ich bereits wiedergefunden ... in den Untiefen eines riesigen Kartons mit Briefen, die in den Archiven einer amerikanischen Stiftung aufbewahrt werden. Als sie daraufhin nur ein »Nein?!« ausstößt, würde ich gern ihr Gesicht sehen. Ich werde Ihnen alles erzählen, Suzanne ...

1946 ziehen Picasso und Françoise Gilot, seine neue und junge Gefährtin, nach Vallauris, in ein kleines einfaches Haus mit Namen La Galloise, irgendwo verloren mitten im Nirgendwo. Dort wachsen ihre beiden Kinder auf, Claude und Paloma, und dort entdeckt Picasso die Keramik für sich. Doch 1955, nachdem Françoise ihn verlassen hat, ist der Maler so wütend, dass er das Haus vom Dach bis zum Keller leeren lässt. Auf sein Geheiß sammeln die Möbelpacker alles ein, was herumliegt: die Gemälde der jungen Künstlerin, Erinnerungsstücke, das

Kinderspielzeug, selbst ihre Kleidung ... Allerdings vergessen sie, auch den Dachboden zu leeren. Als Françoise nach Vallauris zurückkehrt, findet sie dort nur Kartons vor, in denen der Maler Briefe von Marie-Thérèse, Olga und ein paar anderen gehortet hat. Sie hat nicht das geringste Interesse an diesen Kartons, hütet sich aber, sie Picasso zurückzugeben. Stattdessen vertraut sie sie zu einem späteren Zeitpunkt Carlton Lake an, dem amerikanischen Romanautor, der mit ihr zusammen *Leben mit Picasso* geschrieben hat. Und nach Lakes Tod sind diese Archive an die Universität von Austin in Texas gegangen.

Hätte ich es zugelassen, wäre Suzanne noch in derselben Stunde bei mir aufgeschlagen.

Ich habe diese Briefe konsultiert, besitze jedoch nicht das Recht, sie zu veröffentlichen. Also werde ich mich damit begnügen, hier von ihnen zu erzählen, wie ich Suzanne davon erzählt habe.

Der erste stammt aus dem Oktober 1947, der letzte vom 21. September 1951. Vier Jahre aus dem Leben von Marie-Thérèse.

Für gewöhnlich nennt sie ihn *mein Herz,* seltener *mein Liebster, mein Süßer* oder *Du, Du,* einmal *Unser lieber Vater.*

Meistens beschönigt sie ihren Alltag: Ihre Tage sind *außergewöhnlich,* der Frühling *reizend* oder *überwältigend,* Paris *köstlich,* ihr Glück *immens* ... Sie erzählt von ihren Spritztouren mit Maya und dem Cabrio, einem Fußballspiel im Parc des Princes, *Bambi* im Kino, einem Vortrag von Paul-Émile Victor in der Salle Pleyel, und sie dankt ihm dafür, dass sie so leben kann. Die Monate vergehen. Sie vertraut ihm auch an, wie traurig es sie macht, ihre Mutter schwächer werden zu sehen, später dann, wie sie immer freitags an ihr Grab geht.

Mindestens einmal im Monat erwähnt sie, wie nett es wäre, würde er ihr den Scheck zusenden: für gewöhnlich verlangt sie 120 000 Francs, *um zu leben*, vor den Ferien braucht sie 350 000 Francs, und im Januar steigt die Summe auf 585 000 Francs, damit sie alle Ausgaben bestreiten kann – Miete, Parkplatz, Mayas Unterhalt und das Gehalt der Dame, die sich Vollzeit um ihre Mutter kümmert … (Was die Kaufkraft betrifft, so entsprechen laut Insee 120 000 Francs damals etwa 3000 Euro heute, 350 000 Francs fast 9000 Euro und 585 000 Francs mehr als 15 000 Euro.)

Sie schreibt immer, sie warte voller Ungeduld auf seine Briefe. Sie tröstet sich mit der Hoffnung, dass der nächste Brief, wenn er so lange darüber nachdenken müsse, zwangsweise sehr lang ausfallen würde … Fast schon zynisch. Manchmal aber schwappt der Kummer über. Sie weint, wenn sie schreibt, dass sie ihn tausend und abertausend Mal küsst, wie zu der Zeit, als sie so sehr an das Leben glaubte, oder dass *ihr Herz in tausend Stücke zersprungen sei* … Eines Abends schafft sie es, ihm zu sagen, dass sie ihn mehr als alles auf der Welt liebt und verabscheut … Sein Schweigen versetze sie manchmal in eine *wahnsinnige Raserei* … Doch umgehend entschuldigt sie sich dafür, so gefühlig zu sein, und zwingt sich, mehr Witz an den Tag zu legen.

Oft sorgt sie sich um seine Gesundheit, sehr viel weniger um seine Arbeit, und wenn, dann nur sehr vage. Sie erwähnt seine Malerei erst, nachdem sie den Film *Guernica* von Alain Resnais gesehen hat, bei dem seine Fotogenität und der Applaus des Publikums sie mehr beeindruckt haben als seine *maliziösen Zeichnungen auf Glas.*

Manchmal ist sie klarsichtig, wie nach dem Anruf, von dem sie sagt, sie habe *von Kopf bis Fuß gezittert.* Sie erwähnt seine Stimme, *mit der man einen Heiligen verdammen könne,* und seine schreckliche Verführungskraft. Sie spricht sogar davon, *verhext* worden zu sein ... Dennoch legt dieser Brief nahe, dass sie sich geweigert hat, ihm seine Küsse zurückzugeben, und einfach aufgelegt hat.

Die Verweigerung ist jedoch sanfter. Sie vertraut Picasso an, ihre Schwester Geneviève werfe ihr vor, sie klammere sich an eine eingebildete Liebe. Da täusche Geneviève sich doch aber, oder? Picasso liebe sie. Sie und seine Tochter fehlten ihm. *»Das ist es doch, was man sagen muss, oder nicht?«,* fragt Marie-Thérèse.

In der Regel kommt täglich ein Brief von ihr, dann, ganz unvermutet und grundlos, werden die Abstände größer. Sie möchte gern glauben, dass ihn das verstört, dass er sich vorstellt, sie wären gekidnappt worden. Aus heiterem Himmel platzt sie dann damit heraus, dass sie zwei Wochen Ferien in Juan-les-Pins gemacht hat, ohne sich zu melden, also nur sechs Kilometer von ihm entfernt. Vom Palais Biagini aus, in dem sie ein möbliertes Appartement gemietet hatte, habe sie sogar sein Auto gesehen. Und wenn die Leute sie allein mit ihrer Tochter am Strand gesehen hätten, habe sie sich damit gerühmt, einen sehr berühmten Künstler zum Mann zu haben, der die Einsamkeit brauche, um zu arbeiten. Sicher stellt er sich vor, wie sie um sein Haus gestreift ist ... Er wird bereits von seiner Frau Olga verfolgt, die Françoise sogar schon auf offener Straße angegriffen hat, wenn jetzt auch noch Marie-Thérèse damit anfängt ... Sie wird langsam unheimlich.

Für gewöhnlich schreibt sie sehr spät am Abend oder sehr früh am Morgen, ehe sie schwimmen geht. Im Sommer springt sie an der Spitze der Île Saint-Louis direkt in die Seine. Offiziell ist das verboten, aber manche machen es trotzdem. Im Winter geht sie ins Hallenbad Pontoise, gleich wenn es aufmacht, um sieben Uhr morgens. Und nach ein paar Kilometern kehrt sie ermattet nach Hause zurück, *was sie daran hindere zu denken*. An manchen Tagen, vermutlich weil sie ihn beeindrucken will, gibt sie vor, nach einer Stunde Schwimmen noch zwei Stunden Rad gefahren und drei Stunden rudern gewesen zu sein. Da denkt sie dann wahrscheinlich noch weniger.

Wenn sie im Urlaub ist, schickt sie Fotos, mit Maya am Strand oder in Chamonix. Im März 1948 schickt sie zwei Fotos, auf denen sie mit einem Freund in Juan-les-Pins zu sehen ist. Bestimmt in der leicht naiven Hoffnung, ihn eifersüchtig zu machen. Auf der Rückseite hat sie vermerkt: *mit einem dadaistischen Partner ...* Welchen anderen Dadaisten als Tzara hätte sie kennen können? Und dieser Mann in der Badehose hat große Ähnlichkeit mit Tzara.

Man erfährt, dass Picasso sie während dieser vier Jahre andauernden Phase fast nie in Paris besucht, und sie erwähnt auch keinen Besuch von Maya bei ihm. Vielmehr mahnt sie wiederholt an, dass er doch die Zeit finden und seiner Tochter schreiben solle.

Als würde sie sich Mayas als Köder bedienen wollen, beschreibt sie sie als *Pin-up*. Um ihn weich zu bekommen, lässt sie sich begeistert über die Ähnlichkeit zwischen ihm und der Tochter aus: Sie sei eifersüchtig, verabscheue das Landleben und jeglichen Sport, vor allem aber zeichne sie, immer besser, ganz im Stil ihres Vaters.

Aber mit den Kindern ist es wie mit den Frauen, die neuen scheinen die vorherigen auszulöschen … Er liebt sie, wenn sie klein sind, ist beeindruckt von der Magie ihrer Erschaffung. Er liebt die ersten Schritte, die ersten Freiheiten. Er amüsiert sich über ihr Erwachen in der Welt. Er lässt sich von ihrer Anmut inspirieren. Die Teenager, ihre Pickel und andere Befindlichkeiten interessieren ihn jedoch sehr viel weniger. Vor allen Dingen dann, wenn andere ihren Platz eingenommen haben.

Diese Briefe sind atemberaubend und erschütternd zugleich. Sie sind das Ventil und der Ausdruck einer Kindfrau, die ihm noch immer hörig ist, gekettet an eine Legende, die sie sich erzählt, um zu überleben.

Der Glaube ist eine Festung. Marie-Thérèse verbarrikadiert sich darin.

Ich habe mir erst verkniffen, sie mehrmals zu lesen, dann, neugierig, habe ich es doch getan in der Hoffnung, ein paar vernünftigere Zeilen zu finden. Malraux sagt über Jacqueline, dass »[a]lles, was sie sagt, traurig vollgesogen [ist] mit Vergangenheit«[104]. Bei Marie-Thérèse handelt es sich um eine vernichtende Vergangenheit.

Sie klammert sich nicht nur an eine trügerische Liebe, sie verflüchtigt sich und irrt durch eine so enge Welt, dass sie sich beständig an denselben Wörtern stößt, sich an dieselben Illusionen schmiegt.

Zu Beginn seiner Liebesgeschichte mit Françoise Gilot las Picasso dieser die Briefe von Marie-Thérèse vor und fügte leicht provozierend hinzu: »Irgendwie kann ich mir nicht vorstellen, dass du mir je einen solchen Brief schreiben würdest [...] Weil du mich nicht genug liebst [...] Diese Frau liebt mich wirklich.«[105]

Ab da lässt er über die Briefe weniger verlauten. Und er antwortet nur selten. Aber er genießt es zu wissen, dass sie noch da ist, verliebt und kontrollierbar.

Doch es sind nicht diese Briefe, die Suzanne interessieren.

26

Der größte Dummkopf

April 1948. Vor ein paar Monaten hat Marie-Thérèse ihre
Mutter bei sich aufgenommen. Émilie-Marguerite ist erst
siebzig Jahre alt, hat jedoch ziemlich abgebaut, wiegt
mindestens hundert Kilo, sieht nichts mehr, kann fast
nicht mehr gehen und ist auch nicht mehr ganz klar im
Kopf. Um Unterstützung zu bekommen, hat sich Marie-
Thérèse an ihre Freundin in Royan gewandt, an die Be-
sitzerin des Hauses, in dem sie zu Beginn des Krieges
gewohnt hat. Madame Raphanaud, deren Villa durch die
Bomben der Alliierten bei der Befreiung zerstört wurde,
übernimmt diese Arbeit nur zu gern. Und es braucht
auch sie beide, um die gebrechliche alte Dame hochzu-
heben, zu beaufsichtigen, zu füttern und zu pflegen …

Dennoch wird die Belastung immer größer. Und
Marie-Thérèse fühlt sich sehr alleingelassen. Unter dem
Vorwand, dass Picasso bezahlt, und in der Annahme,
dass sie nichts Besseres zu tun hat, nehmen ihr Bruder
und ihre beiden Schwestern ihre liebenswürdige Auf-
opferung bereitwillig hin.

Langsam, aber sicher muss ihr Unmut zugenommen
haben, bis ihre Wut so übermächtig ist, dass sie sie nicht
mehr bezwingen kann. Offenbar ganz spontan setzt sie

sich hin und schreibt jedem von ihnen einen Brief, klare, bittere Worte, verbindlich und entschieden: Sie verlangt, dass sie sich an den Ausgaben beteiligen, andernfalls, so kündigt sie an, werde sie »Mémé« jeweils drei Monate pro Jahr bei jedem von ihnen abladen. »Für dumm verkauft werden ist ja schön und gut, aber irgendwann wird es eben auch dem größten Dummkopf zu bunt.« Von Geneviève, der alleinstehenden Ärztin und ältesten Schwester, fordert sie 3500 Francs; von Jeanne, der Mutter mit vier Kindern, will sie 3000 Francs; und was den Bruder betrifft, der wohl nicht sonderlich viel verdient, dem macht sie einen »Freundschaftspreis« von 1500 Francs.

Sie ist so stolz auf ihren Tobsuchtsanfall, dass es ihr großes Vergnügen bereitet, die Briefentwürfe an Picasso zu schicken – in der Hoffnung, seine Zustimmung zu erhalten. Gelesen hat er sie vielleicht nicht, aber er hat sie in den Kartons von Vallauris aufbewahrt.

Marie-Thérèse hat ihm auch den Briefwechsel, der sich daraufhin mit Jeanne entspann, abgeschrieben. Mal nennt sie sie *die von Reims,* dann wieder *die Frau von Welt.* Jeanne antwortet, herzlich gern schicke sie ihr jeden Monat ihre Beteiligung. Sie packt ein Päckchen Kekse aus Reims zum Scheck und schließt mit einer humorvollen Bemerkung, die von einiger Selbstgefälligkeit gefärbt ist: Bestimmt werde Gott ihr diese großzügige Geste danken, indem er ihr weitere Patienten schicke. Außerdem scheint sie zu bedauern, dass Marie-Thérèse ihr nicht erlaubt, ihre Mutter zu besuchen. Die Antwort darauf ist schneidend: Soll sie doch während ihrer, Marie-Thérèses, Abwesenheit vorbeikommen.

Ein Jahr später werden sie sich aber sehen. Die Sterbeurkunde lässt darauf schließen, dass Émilie-Marguerite »am 2. August 1949 verstorben« ist, »im Alter von 78 Jahren, an ihrem Wohnsitz, 1, Boulevard Henri-IV in Paris«. Die vier Kinder versammeln sich um ihren Sarg: die Walters und die Valroffs. Der Kummer bringt sie unweigerlich näher zusammen und lässt alte Zwistigkeiten verschwinden. Als kleines, verlorenes Mädchen bricht Marie-Thérèse in den Armen ihrer Schwester Jeanne zusammen, und alles scheint verziehen. Ihre Kinder sind etwa gleich alt, es ist an der Zeit, dass sie sich kennenlernen.

Picasso ist natürlich nicht da. Je älter er wird, desto entschiedener meidet er Trauerfeiern, so als fürchte er, der Tod könnte ihm dort auflauern. Dabei hat er für Émilie-Marguerite sehr viel Zuneigung und großen Respekt empfunden und hat ihr immer gern gesagt, sie sei die ideale Frau: lustig, pragmatisch und somit gefügig. Als sie nach und nach den Verstand verlor, hat er kleine Gegenstände aus Papier hergestellt, um sie abzulenken. Ein anderes Mal hat er einen Zug für sie gezeichnet. Suzanne erinnert sich ebenfalls daran und schickt mir eine Fotokopie des Artikels, in dem wir davon gelesen haben.

Picasso taucht nicht bei der Beerdigung auf, muss jedoch etwas später vorbeigekommen sein, um sein Beileid auszusprechen. In dem Brief, der auf seinen Besuch folgt, dankt Marie-Thérèse ihm und listet die Ausgaben auf, die zu übernehmen er sich bereit erklärt hat: die Beerdigung, die Blumen, die Trauerkleidung, das Essen, das letzte Gehalt von Madame Raphanaud und ihr Zugticket nach Royan. Sie hat alles zusammengerechnet und darauf geachtet, nur ja nichts zu vergessen, nicht einmal ihren Hut! Zu keinem Zeitpunkt ist es ihr peinlich, ihn um Geld zu bitten. Für sie ist völlig klar, dass er für sie aufkommen muss. Allerdings fordert sie das ein wie ein unterhaltsberechtigtes Kind, nicht wie eine Frau, die ausgehalten wird. Und ohne lange Diskussionen scheint Picasso mehr eine Schuld als einen Unterhalt zu begleichen, denn er muss für ein Leben bezahlen, dass er gefangen genommen und verschlungen hat, ehe er seiner überdrüssig wurde.

In den Monaten nach dem Tod von Émilie-Marguerite wird die Wohnung am Boulevard Henri-IV zu einem Treffpunkt der drei Schwestern und der Cousins. Das Kriegsbeil scheint begraben. Picasso, der zwischen ihnen stehen könnte, ist nicht mehr da.

27

Diese Person

Als Marie-Thérèse von Pierre Cabanne gefragt wird, ob sie Françoise Gilot gekannt habe, hebt sich ihre Antwort sehr vom heiteren Ton des restlichen Interviews ab. »Das geht Sie nichts an!«, antwortet sie schroff. Gleich darauf fasst sie sich etwas: »Ich sage Ihnen auch, weshalb: Es geht darum, dass ich das Kind sehen wollte ... Dann sind sie mit dieser Person zu mir gekommen, so billig gekleidet, wie das jetzt der Fall ist.«

Sie sagt immer *diese Person*, wenn sie über die anderen jungen Frauen spricht, die mit Picasso verkehren. Sie bei ihren Namen zu nennen, würde ihnen eine zu große Bedeutung beimessen. *Diese Person* ist im Grunde genommen ein Niemand.

Tatsächlich sind nicht sie zu ihr gekommen. Sie und Maya sind zum Haus La Galloise gefahren. Françoise Gilot siedelt diese Begegnung im Sommer 1949 an, nach der Geburt von Paloma. Nachdem sie erfahren hat, dass Marie-Thérèse und Maya immer noch in Juan-les-Pins Urlaub machen, schlägt sie Picasso vor, sie einzuladen, damit der Teenager endlich den Halbbruder und die Halbschwester kennenlernt. Außerdem vermeidet sie es so, immer als die Böse zu gelten, die ihn daran hindert, seine

Tochter zu sehen. Er widersetzt sich, zieht es wie immer vor, donnerstags allein mit ihnen zu Mittag zu essen. Aber dann gibt er doch nach und schickt seinen Fahrer zu ihnen.

Françoise erinnert sich, wie fasziniert sie von Marie-Thérèses Äußerem war: »Ihr fesselndes Gesicht, ihr reines griechisches Profil […] Sie hatte […] etwas Athletisches und jene lebhafte Farbe blühender Gesundheit, die man oft bei schwedischen Frauen sieht.« Sie versteht genau, was Pablo an ihr findet. »[…] ihr bloßer Anblick, der Natur ausstrahlte, sprach ihn in einer besonderen Weise an. Ob sie intelligent war oder nicht, konnte nur eine sekundäre Erwägung für den Künstler sein, der von ihrer Gestalt und ihren Maßen inspiriert war.«[106]

Picasso hasst derartige Situationen und die unbehagliche Förmlichkeit solch verlegener Unterhaltungen. Er zieht es vor, unter dem Vorwand, ihnen eine Schildkröte zeigen zu wollen, mit Maya und Claude im Garten zu verschwinden. Somit finden sich die beiden Frauen von Angesicht zu Angesicht wieder. Sie sprechen über das Baby, weil man schließlich über irgendetwas sprechen muss. Dann nutzt Marie-Thérèse einen Moment des Schweigens, um »kühl, aber nicht unfreundlich« zu verkünden: »Bilden Sie sich nicht ein, dass Sie jemals meinen Platz einnehmen können.« Höflich erwidert Françoise, dass sie das nicht beabsichtige, und fügt quasi als schreckliche Offenkundigkeit noch hinzu, »man könne nur einen Platz einnehmen, der leer ist …«[107]

Ich habe Stunden damit zugebracht, verstehen zu wollen, welchen Platz Marie-Thérèse noch einzunehmen glaubt.

Es könnte der eines nutzlos und sperrig gewordenen Gegenstandes sein, mit dem Picasso nichts mehr anzufangen weiß, den er jedoch weiter behält, wie all die Dinge, die wegzuwerfen er sich weigert. Wie eine alte Bronzebüste, die auf einem Dachboden steht und immer mehr einstaubt und doch einen ganz eigenen Platz einnimmt. Nie ist er so grausam mit ihr umgegangen wie mit Olga oder Dora Maar. Nie hat er die Beziehung mit ihr wirklich endgültig beendet. Er muss sich verantwortlich fühlen für dieses Mädchen, das er an einem Winterabend auf Abwege gebracht und von dem Schicksal, das ihr gebührt hätte, ferngehalten hat.

Ich stelle mir Marie-Thérèse in diesem Garten vor, verloren, überwältigt, niedergerungen von der Realität dieser jungen Frau mit ihrem Baby. Ihr muss unweigerlich klar sein, dass die andere einen bedeutenden Platz einnimmt. Doch sie ginge unter, würde sie diese Tatsache nicht verdrängen. Also verkrampft sie sich und klammert sich wider alle Vernunft an das Hirngespinst, dass einzig sie im Leben von Picasso wichtig ist.

Sie hat ihm »das Leben gerettet«[108], sie war »stets die beste der Frauen«[109].

Sie könnte auch behaupten, sie würde einen einzigartigen Platz einnehmen, nicht im Leben, sondern im Werk von Picasso. Bis in alle Zeiten wird sie die vielen bezaubernden Porträts verkörpern: *Le Rêve (Der Traum)*, *Le Sommeil (Der Schlaf)*, *La Ceinture jaune (Der gelbe Gürtel)*, *La Lecture interrompu (Die unterbrochene Lektüre)*, *La Dormeuse (Die Schlafende)*, *La Femme au fauteil rouge (Die Frau im roten Sessel)* …

179

Einzigartige Marie-Thérèse, unersetzlich, nicht aus dem Sattel zu werfen. Doch die Malerei interessiert sie nicht.

Nach diesem Besuch in La Galloise verbringt Maya immer häufiger die Ferien bei ihrem Vater. Allerdings allein! Wann immer Marie-Thérèse glaubt, Picasso sei unglücklich, schlägt sie vor, seine Tochter zu ihm zu schicken. »Natürlich habe ich in meinem tiefsten Inneren gehofft, dass er dann sagt: Komm doch auch ...«[110] Aber das sagt er nie. Und Maya entzieht sich ihr immer mehr, wird aufgesaugt von Picassos faszinierenderer, glücklicherer Welt.

Zur selben Zeit trifft Marie-Thérèse die Entscheidung, ihre Tochter endlich rechtlich anzuerkennen. Als empfinde sie urplötzlich – und ganz bestimmt etwas zu spät – die Notwendigkeit, auch ihren Platz als Mutter verteidigen zu müssen.

Und genauso, wie sie sich ein Leben erfindet, kultiviert sie die Illusion einer Familie. Oft ruft sie Paulo an, den ältesten Sohn von Picasso, und erkundigt sich, wie es ihm geht. Sie hat sich Émilienne angenähert, der Ehefrau, von der Paulo sich gerade scheiden lässt. Und sie sieht sich ein kleines bisschen als Großmutter ihrer beiden Kinder, Marina und Pablito.

28

Suzanne 5

Auf die Gefahr hin, sie zu enttäuschen, gestehe ich Suzanne, dass ich mich frage, welche Rolle Jeanne tatsächlich im Werk und im Leben von Picasso gespielt hat. Der vierte Band der Biografie von John Richardson ist soeben erschienen.[111] Und wenn er die Gemälde erwähnt, auf denen Marie-Thérèse mit einer ihrer Schwestern posiert, dann nennt er immer Geneviève, die ältere. Niemals Jeanne! »Richardson hat wirklich ein Problem mit Jeanne!«, ereifert sich Suzanne. »Aber warten Sie nur, ich habe auch Neuigkeiten für Sie!«

Wie jedes Mal bestellt sie mich ins Café Le Mesnil, Rue La Boétie. Wie jedes Mal ist sie als Erste da und wartet auf mich. Auf dem Tisch vor ihr liegt bereits eine Klarsichthülle, die etwa zwanzig Kopien enthält. Sie hatte schlicht und ergreifend die Idee, die Archive des Pariser Picasso-Museums zu konsultieren und dort nach möglichen Briefen von Jeanne zu suchen. Daran hatte ich zwar auch schon gedacht, hatte aber dummerweise nur nach Walter oder Valroff, ihren beiden Mädchennamen gesucht … Doch natürlich unterschrieb Jeanne mit ihrem Familiennamen als Ehegattin.

Der erste Brief stammt vom 1. Januar 1955. Jeanne

schickt Picasso und Maya Neujahrsgrüße von einer Ski-station in den Schweizer Alpen, wo sie mit ihrer Familie Urlaub macht. Auf der ersten Seite ein paar der üblichen Banalitäten. Auf der Rückseite dann die Überraschung: »Und wenn Maya ein Schätzchen wäre, dann würde sie mir antworten und mir erklären WARUM [das schreibt sie in Großbuchstaben] Thérèse so wütend darüber war, dass ich ihren Vater aufgesucht habe. Es ist jetzt schon zehn Monate her, dass ich ihn gesehen habe.«[112]

»Ja, die Familie hat sie immer Thérèse genannt«, er-klärt mir Suzanne.

Ein Jahr später, ein neues Jahr, ein neuer Brief: »Wenn es dich freut, dass ich dir Neujahrsgrüße schicke, so tue ich dies von ganzem Herzen. Niemals werde ich welche von dir erhalten und auch nicht von Maya. Doch das ist nicht wichtig. Der Traum wiegt alles auf. Der Traum. Die Blumen. Und das Lächeln. In aller Freundschaft, Jeanne.«

Drei Monate später, im Frühling 1956: »Ich sehe Thé-rèse nicht mehr. Ich sehe niemanden mehr. Wir haben uns zerstritten. Warum? Das weiß keiner ...«

Ich blicke auf und sehe, wie sehr Suzanne sich freut; sie ist stolz darauf, mich ihrerseits überrascht zu haben. »Und, was sagen Sie dazu?«

Ich sage dazu, dass Jeanne Picasso getroffen hat und dass Marie-Thérèse das nicht ertragen konnte. »Ganz genau! Ich hätte Ihnen schon früher von diesem Besuch erzählen sollen. Aber ich wusste nicht mehr genau, in welchem Jahr er stattgefunden hat. Bestimmt im Früh-ling 1954. Und ich wusste auch nicht, dass sie sich erneut überworfen hatten.«

Suzanne glaubt sich daran zu erinnern, dass Jeanne mit den Kindern nach Juan-les-Pins in den Urlaub gefahren sei. Sie muss Picasso informiert haben, denn am Bahnhof wartet ein sehr hübsches Auto mit Fahrer auf sie und bringt sie zu der für sie vorgesehenen Wohnung. Sie genießen den Strand, essen im Restaurant, besuchen Museen, und nach ein paar Tagen verkündet Jeanne den Kindern, dass sie beim Vater von Maya erwartet werden. Marcel, der Fahrer, steht bereits unten.

Zu dieser Zeit fängt Françoise an, auf Abstand zu gehen: Sie ist mit Claude und Paloma nach Paris gezogen, und Picasso lebt allein in La Galloise.

Das Tor und die Tür stehen offen. Zögernd betreten Jeanne und die Kinder einen ersten Raum, vollgestellt mit Bildern und eigenartigen Gegenständen. Sie sind etwas verwirrt: Sie hatten sich eine luxuriösere Villa vorgestellt. Dann lassen die Stimme von Picasso und sein rauer Akzent sie zusammenfahren: »Jeanne! Ich warte schon seit achtzehn Jahren auf dich!«

Achtzehn Jahre, also seit der Geburt von Maya und dem Streit auf der Entbindungsstation! »Ja, ganz genau«, bestätigt Suzanne. »Glauben Sie mir jetzt endlich?«

In Vallauris brennt die Sonne herunter. Ich stelle mir vor, dass Jeanne ihre Hochstimmung überspielt, um sich die Erregung nicht anmerken zu lassen, und Picasso sich freut, eine alte Freundin wiederzusehen. Nach all den Jahren haben sie sich viel zu erzählen. Während die Kinder zum Spielen im Garten verschwinden, bleibt Jeanne allein bei dem Maler, der ihr seine letzten Bilder und vor allem seine Keramiken zeigt, seine neueste Leidenschaft.

Kurz vor der Abfahrt macht er eine Porträtskizze von Jeannes ältester Tochter, die er dazu beglückwünscht, wie sehr sie ihrer Mutter vor achtzehn Jahren ähnle ...

Ich unterbreite Suzanne die Idee, dass Jeannes Leidenschaft für Keramiken doch von diesem Besuch im Atelier von Vallauris herrühren könne. »Selbstverständlich«, sagt sie.

Die folgenden Briefe bestätigen, dass die beiden Schwestern weiterhin zerstritten sind, und Jeanne scheint darüber untröstlich. Marie-Thérèse vergibt ihr dieses Eindringen nicht. Ob solidarisch mit ihrer Mutter oder aber gleichgültig, auch Maya antwortet nicht mehr auf die Briefe ihrer Tante. Und Picasso weigert sich natürlich, sich einzumischen.

Doch den Briefen lässt sich noch weit mehr entnehmen ...

Wie Marie-Thérèse erzählt auch Jeanne Picasso von ihrem Alltag, der ihm, wie man erahnen kann, völlig gleichgültig ist. Sie beschreibt ihren Garten, ihre Dahlien, das Studium ihrer Kinder, ihren Ehemann, den sie lieblos *den Chef* oder *den Erzeuger* nennt. Fast jedes Jahr denkt sie daran, ihm am 20. Oktober zum Geburtstag zu gratulieren. Doch je mehr Zeit verstreicht, desto eigenartiger werden ihre Vertraulichkeiten. Sie geht so weit, ihm von einem Traum zu erzählen, in dem sich Chruschtschow und eine junge Schwedin vereinigen. Er antwortet offensichtlich nie, doch das entmutigt sie nicht: »Der Traum wiegt alles auf.« Oder aber sie stellt sich vor, dass ihre Briefe streng kontrolliert werden. Sie gibt zu, dass sie »seit dreißig Jahren an ihn denkt, dass es zu einer süßen Gewohnheit geworden ist«. Und dann, 1960, schreibt sie ihm aus London, nachdem sie »ganz beseelt« seine Ausstellung in der Tate besucht hat ... Es sei »wie ein romantisches Rendezvous« gewesen!

»Haben Sie das gelesen? Sie spricht von einem romantischen Rendezvous! Muss ich etwa noch deutlicher werden?«

Warum habe ich mich so gesträubt? Über Monate hinweg habe ich mich ernsthaft geweigert zu glauben, dass Picasso zeitgleich eine Affäre mit zwei Schwestern gehabt, die eine wie die andere manipuliert haben könnte ... Ganz naiv habe ich mich von der Annahme leiten lassen, dass der Spanier, durchdrungen von der christlichen Kultur, diese Grenze nicht überschritten haben konnte. Doch Suzanne hat sicher recht ... Die beiden Schwestern sind für ihn absolut komplementär: Die erste ist in körperlicher wie künstlerischer Hinsicht unabdingbar, mit der anderen tauscht er sich aus, spricht über Malerei, Literatur und vor allem über Medizin.

Wie fast alle Frauen, die Picassos Weg kreuzten, hat Jeanne sich nie davon erholt. Zwischen ihren Zeilen wird deutlich, dass er nie aufgehört hat, ein Teil ihres Lebens, ihres Alltags zu sein. Schon immer hat sie ihren Kindern und Freunden von ihm erzählt. Und wie Marie-Thérèse hat auch sie ihm aufs Wort geglaubt, als er ausrief: »Ich warte schon seit achtzehn Jahren auf dich!«

»Sehen Sie, er hat alle Briefe von Jeanne bis ans Ende seines Lebens aufbewahrt«, beharrt Suzanne. Ja, vierzehn Briefe inmitten von tausend anderen Seiten und

Rechnungen, die er einfach nicht wegwerfen konnte und die sich im ganzen Haus stapelten.

Als ich Recherchen zu Dora Maar anstellte, war ich über ihre grafologische Analyse gestolpert, die 1942 auf Anfrage von Paul Éluard durchgeführt worden war. Dank eines befreundeten Grafologen konnte ich an diese Untersuchung anknüpfen. Nun habe ich Serge Lascar noch einmal angerufen, und er war bereit, sich über die Schriftbilder der beiden Schwestern zu beugen.

29

Madame Walter

Es ist bestimmt nicht dem Zufall zuzuschreiben, dass Marie-Thérèse ein paar Wochen nach dem Besuch von Jeanne den Mut aufbringt, ebenfalls nach La Galloise zu fahren. Noch immer ist sie mutiger, wenn sie wütend ist.

Sie behauptet, Paulo habe darauf gedrängt, sie zu seinem Vater zu bringen. Zunächst habe sie abgelehnt: »Nein, er hat mich nicht angerufen, also gehe ich da auch nicht hin.« Aber dann hat sie doch eingewilligt. Weshalb sollte sie sich etwas verbieten, das Jeanne sich einfach herausgenommen hat? Der Empfang fällt weniger enthusiastisch aus. Man muss dazu sagen, dass die Gegenwart seines Sohnes Picasso immer schon ärgerlich gestimmt hat. Vor allem aber stören sie ihn, wo er doch gerade in seinem Atelier ist und arbeitet, mit einer weiteren *Person*, einer jungen braunhaarigen Frau, die in Shorts posiert. Sie heißt Jacqueline Roque, noch nicht Jacqueline Picasso.

»Und dann sagt dieser kleine widerliche, reizende Picasso zu dieser Person: ›Ich stelle Ihnen Madame Walter vor.‹ Stellen Sie sich nur vor! Mich so zu nennen!« – »Was hätte er denn sagen sollen?«, fragt Pierre Cabanne verwundert. »Ich heiße Marie-Thérèse! Anders hieß ich nie. Es war böse, mich so zu nennen, sehr böse … Mir wurde klar, dass ich schlichtweg eine Fremde war.«

Die Realität nimmt schon unerbittliche Wege, um sich Gehör zu verschaffen. »Das Reale ist, wenn man sich daran stößt«, sagte Lacan. Hier hat sich Marie-Thérèse sogar an *Walter* gestoßen, und zwar noch heftiger als an *Madame*. Bislang hat sie immer alles akzeptiert. Es ist ihr gelungen, alles in ihr Interpretationsraster der Welt und ihres imaginären Paares zu quetschen. Aber dieses unvermittelte *Madame Walter* wirkt wie ein Spotlight auf ihre Illusionen, die nur im Halbschatten überleben konnten. Der Name beleuchtet sowohl die Erinnerung an einen Vater, der ihr seinen Namen nicht geben wollte, als auch die Gleichgültigkeit von Picasso, der, als wäre nichts dabei, verlauten lässt, dass die einzigartige Marie-Thérèse nicht mehr existiert. Sie hat recht, dieser Name macht aus ihr *schlichtweg eine Fremde,* eine Unbekannte, niemals Anerkannte. Sie ist nurmehr die Erzeugerin von Maya, die ebenfalls den Namen Walter trägt.

Sie wird Jacqueline Roque noch mindestens ein weiteres Mal treffen.[113] Im August 1955. Wie jedes Jahr verbringt Marie-Thérèse ihren Urlaub in Juan-les-Pins, wenn auch inzwischen allein, ohne ihre Tochter. Mit ihren knapp zwanzig Jahren hat sich Maya ihrer Familie väterlicherseits in Spanien und vor allem ihrem Vater angenähert … Sie wird sogar zum kleinen Star, wird zusammen mit der neuen Truppe von *Paris Match* fotografiert. Darauf ist Marie-Thérèse kein bisschen stolz, sie, die noch kein einziges Mal genannt wurde. Tatsächlich ist sie sogar verärgert.

Doch als Maya gerade bei ihm weilt, schlägt Picasso Marie-Thérèse vor, sie in La Californie zu besuchen, der neuen Villa, in der er mit Jacqueline zusammenlebt. Bestimmt hat sie ihr hübschestes Kleid angezogen. Und mit ihren 46 Jahren ist sie immer noch so sportlich, dass sie mit dem Rad dorthin fährt, von Juan-les-Pins bis zur Anhöhe von Cannes, mit derselben Leichtigkeit, mit der sie einst bis nach Gisors geradelt ist.

Es ist zehn Uhr morgens, als sie das neue Anwesen entdeckt und gebannt in Augenschein nimmt: ein riesiges weißes Haus mit drei Etagen, hübschen Art-déco-Fenstertüren, die zum Meer oder zum Park zeigen, kunstvoll verzierten Gesimsen, barocken Balustraden, gewundenen Balkonen, Spiegeln, Kaminen, Versailler Parkett, einem Schlosstor und einem Ausblick, der einem den Atem raubt … Kein Vergleich zu dem Schuppen in Vallauris, den sie seiner unwürdig fand.

In dem mit Eukalypten und Palmen bepflanzten Garten lächelt sie gerührt, als sie ihren Bronzekopf von 1931 entdeckt, der in einem Becken steht. Picasso scheint ganz entzückt, sie hier zu empfangen. Er bittet Jacqueline sogar, sie beide allein zu lassen. Und Marie-Thérèse frohlockt, als sie zusieht, wie *diese Person* das Atelier mit verkniffenem Mund verlässt.

Bestimmt denkt sie, sie würden über die Hochzeit sprechen, denn Picasso ist seit Olgas Tod vor sechs Monaten endlich Witwer. Und wenige Wochen zuvor hat er sie auf die Probe gestellt und gefragt, ob sie ihn heiraten würde. Dummerweise hat sie, weil sie so überrumpelt war, abgelehnt und in diesem Vorschlag nichts als einen grausamen Scherz oder aber einen geschickten Trick gesehen, wie er Maya zu dem Namen Picasso verhelfen könnte. (Zur damaligen Zeit konnte ein verheirateter Mann seine außerehelichen Kinder nicht anerkennen.) Aber ganz bestimmt hat sie davon geträumt, und das schon sehr lange. Allerdings: Sie hat von einer Liebesheirat geträumt, nicht von einer Scheinehe. Was macht es da schon, dass sie mit ihrem Nein zugleich das Versprechen auf ein mächtiges Erbe ausgeschlagen hat? Doch vielleicht hat sie ihre Meinung nach reiflicher Überlegung ja geändert.

Der Maler empfängt sie herzlich, zunächst allein, dann in Gegenwart eines Fotografen, der ihn bei jeder Gelegenheit als »Maestro« bezeichnet. Picasso versucht, darüber mit ihr zu scherzen, doch ihr ist nicht nach Lachen zumute. »Mir rannen unablässig Tränen über die Wangen …« Sie fährt gegen 13 Uhr dort weg, ohne dass er ihr vorgeschlagen hätte, wenigstens zum Mittagessen zu bleiben. Und sie wird ihn niemals wiedersehen.

30

Ich habe eine große Dummheit begangen

Noch immer schickt sie ihm mindestens einen Brief pro Woche. Doch wie viele Entwürfe, ehe sie ihn in den Umschlag steckt? Und wie viele andere Briefe, die im Papierkorb landen? Er antwortet fast nie, aber das ist nicht weiter wichtig. Sie ist sich sicher, dass er an sie denkt, denn er schickt ihr noch immer einen Scheck, alle zwei Monate. Häufig, das stimmt schon, muss sie den Scheck einfordern! Trotzdem ist das nett von ihm …

Sie hat sich nach 1955 nicht mehr bei ihm blicken lassen. Neuigkeiten über ihn erfährt sie von Maya, am häufigsten jedoch aus der Presse. In *Cinémonde* liest sie, dass er, *o Gott*, Brigitte Bardot in La Californie empfangen hat. Bestimmt lacht sie über die Fotos mit Gary Cooper, auf denen die beiden mit den Brillen oder mit dem Stetson und dem Cowboyrevolver Quatsch gemacht haben. *Was für ein dreister Kerl aber auch!* Deutlich weniger lustig findet sie es wahrscheinlich, als sie aus dem Radio erfährt, dass er *diese Person, die kleine Roque,* am 2. März 1961 in Vallauris geheiratet hat. »Er gibt dieser Frau den teuersten Namen der Welt«, lautet die Schlagzeile von *Paris Match*. Diese Frau hätte auch sie sein können … Sie, von der bislang niemand auch nur ein Foto gesehen hat!

Drei Monate zuvor hat auch ihre Tochter Maya geheiratet, in Marseille, und zwar einen Marineoffizier, einen diskreten Mann mit sanftem Blick. Als hätte sie nach dem genauen Gegenteil ihres Vaters gesucht. Im Anschluss daran kommen die beiden ersten Söhne zur Welt, erst Olivier, dann Richard, die ihre Großmutter »Baba« nennen. »Unsere Enkelkinder«, sagt sie. Ohne einen auf vernarrte Oma zu machen, schreibt sie ihm diese Worte gern, sind sie doch gewissermaßen ein Weg, ihre Familie zu vereinen.

Sie sieht nicht mehr viele Menschen: ihre Schwester Geneviève, manchmal Paulo, häufiger Émilienne, dessen Ex-Frau samt Kindern, und Inès Sassier, das ehemalige Kindermädchen aus der Rue des Grands-Augustins. Von Jeanne will sie nichts wissen, deren Briefe wirft sie ungeöffnet weg.

Immer schon schreibt sie heimlich Gedichte. Sie liest auch welche, und wenn eines sie besonders bewegt, dann schreibt sie schöne Auszüge daraus in ihre Briefe an Picasso. Hier zum Beispiel ein Gedicht eines unbekannten Verfassers:

Für mich ist die Hand berüchtigt,
Die zum falschen Schwur sich hebt
Die Hand, die schlägt, die Hand, die tötet
Für mich ist die Hand bewundernswürdig,
Die sich zum Geben öffnet,
Die sich zum Lieben darbietet,
Die Hand, die tröstet
Die Hand, die erbaut
Die Hand, die eine andere Hand hält.[114]

Bei »falscher Schwur«, »die Hand, die schlägt« und »tötet« muss Picasso zusammengezuckt sein. Er bezieht es auf sich, fühlt sich zu Unrecht angegriffen. Er ist bereits wütend wegen des Buchs von Françoise, das er verbieten lassen wollte, doch jetzt wird er so fuchsteufelswild, dass er Marie-Thérèse droht, einen Anwalt einzuschalten.[115]

Die Vorstellung, in einen Prozess verwickelt zu werden, muss ihr entsetzliche Angst eingejagt haben, bestimmt ist sie bestürzt, den Mann, den sie so sehr verehrt, mit diesen wenigen Worten verletzt zu haben. Also bricht sie in Tränen aus, sagt, er habe sie falsch verstanden … sie hätte ihn doch niemals kritisieren wollen … Mein Schatz, mein Liebster, verzeih mir … Doch ist Pic erst einmal wütend, dann hat er kein Einsehen. Erst nach mehreren Wochen und dem Eingreifen von, sagen wir, »gemeinsamen Freunden«, lässt er von dem lächerlichen Projekt einer gerichtlichen Verfügung ab.

Ich habe mit Roland Dumas darüber gesprochen, der damals sein Anwalt war: Er kann sich nicht an die Geschichte mit dem Gedicht erinnern, dabei erinnert er sich an alle anderen Fälle, die mit der Verteidigung von Picasso zu tun hatten, sehr genau. Die amerikanische Biografin Arianna Huffington hat den Brief in den Archiven von Maître Georges Langlois[116] gefunden, der Marie-Thérèse vertreten hat. »Ich habe eine furchtbaren Fehler gemacht«, soll sie zu ihrem Anwalt gesagt haben.

31

Souvenirs, Souvenirs ...

1969. Marie-Thérèse wird bald sechzig. Die bescheidene Rente, die ihr Picasso noch überweist (etwa 1200 neue Francs alle zwei Monate – was laut Insee einer Kaufkraft von weniger als 250 Euro entspricht), reicht nicht, und ihre Ersparnisse sind aufgebraucht. »Wieso verkaufst du keine Bilder?«, sagt ihre Tochter.

Frank Perls, der bedeutende amerikanische Händler, den Maya kontaktiert, reist dafür eigens aus Los Angeles an. Angesichts der Bedeutung dieses Geschäfts schlägt er seinem Freund Heinz Berggruen vor, sich zusammenzutun. Marie-Thérèse empfängt die beiden bei sich in Paris, am Boulevard Henri-IV.

»Wir lernten eine ältere, stille, recht bescheidene Frau kennen«, erzählt Berggruen, »deren klare, saubere Gesichtszüge uns wie aus weiter Ferne die aufregende Frische der Bilder ins Gedächtnis riefen, die Picasso von ihr in den dreißiger Jahren gemalt hatte.«[117] Allerdings erstaunt es sie, dass sie kein einziges Gemälde im Wohnzimmer hängen sehen.

Marie-Thérèse verschwindet in einem angrenzenden Zimmer und kommt mit einem Stapel Umschläge zurück: Dutzende Briefe von Picasso, leidenschaftliche

Liebeserklärungen. Unschuldig breitet sie sie auf dem Tisch aus, sagt jedoch gleich dazu: »Diese Briefe [...] würde ich nie verkaufen!«[118] Vor den leicht verlegenen Galeristen öffnet sie vorsichtig einen letzten Umschlag, dessen Inhalt in ihren Augen noch wertvoller ist. Im Inneren befinden sich Hunderte Nagelschnipsel, die sie mit verliebten Blicken bedenkt. »Er liebte es, wenn ich ihm die Nägel schnitt. Ich tat es einmal die Woche, und jetzt sind das alles, wie soll ich sagen, *Souvenirs, Souvenirs.*«[119]

Die beiden Händler sind jedoch nicht der Briefe oder der Reliquien wegen gekommen. Höflich erkundigen sie sich schließlich nach den Bildern, von denen Maya ihnen erzählt hat. Marie-Thérèse erklärt, sie habe sie in der Bank gelassen. Sie habe sie erst einmal treffen wollen, um sie »kennenzulernen«, verabredet sich aber für den nächsten Tag mit ihnen, um ihnen die Arbeiten zu zeigen.

Zur vereinbarten Stunde liegen die Meisterwerke vor den staunenden Galeristen. Etwa zwanzig kleinformatige Leinwände, Stillleben, Porträts von Marie-Thérèse, in denen man »den gleichen Duktus, das gleiche eminent sinnliche Lebensgefühl, die gleiche intensive Heftigkeit des Ausdrucks«[120] spürte. Keine Leinwand ist von Picasso signiert, doch alle sind im Werkkatalog von Christian Zervos abgebildet, und angesichts ihrer Herkunft besteht auch an ihrer Authentizität kein Zweifel. Allerdings wissen die beiden Männer, dass ein Gemälde, das Picasso nicht signiert hat, immer noch als dessen Besitz oder aber als nicht fertiggestellt gilt. Um also ihre gute Beziehung zum weltweit mächtigsten Maler nicht zu gefährden, schlagen Perls und Berggruen vor, alles nach Cannes zu bringen und von Picasso signieren zu lassen.

Nachdem Picasso sie zunächst drei Tage lang schmoren lässt, empfängt er sie schließlich herzlich auf der Schwelle zu seiner Villa. Er ist bestens gelaunt. Er scherzt angesichts des riesigen Koffers, den sie mit sich schleppen, und fragt amüsiert, ob sie vorhaben, bei ihm einzuziehen. Als die Händler anfangen, die Gemälde auszupacken, erkennt er sofort, dass sie Marie-Thérèse gehören. Er scheint verrückt vor Freude, seine alten Arbeiten wiederzusehen, erkundigt sich nach der ehemaligen Gefährtin und ist bereit, die Leinwände zu signieren ... doch dann taucht unvermittelt Jacqueline auf, die, ohne die Galeristen auch nur zu begrüßen, entrüstet verkündet: »Diese Bilder gehören doch dir, Pablito [...] Nur weil du gelegentlich mit ihr geschlafen hast, glaubt sie, einen Anspruch auf Bilder zu haben, die bei ihr untergestellt waren [...] Wenn sie Geld braucht, soll sie sich doch als Putzfrau verdingen.«[121] Jacqueline droht, die Gemälde zu konfiszieren, macht auf dem Absatz kehrt und knallt mit einem lauten »Basta!« die Tür des Ateliers hinter sich zu.

Sprachlos stehen Perls und Berggruen da. Picasso entschuldigt sich »so leise und bescheiden, wie [Berggruen] ihn noch nie hatte sprechen hören«: »Es tut mir leid [...] Ich weiß, dass Marie-Thérèse Geld braucht. Aber was kann ich tun? Jacqueline würde mir nie verzeihen. Und schließlich lebe ich mit ihr. Nehmt die Gemälde und verschwindet mit ihnen.«[122] Den beiden bleibt nichts anderes übrig, als die zwanzig Gemälde unsigniert wieder in den Koffer zu packen und sie Marie-Thérèse zurückzubringen.

Bestimmt hat sie sich bei ihnen bedankt. Und nach ihrer Abreise hat sie allein dagestanden mit ihren Bildern. Allein in Gegenwart von Picasso, der sie mehr als je zuvor verleugnet. Dabei hat sie ihn um nichts Großes gebeten, nur um seinen Namen in einer Ecke. Mit dieser Weigerung zu unterschreiben, weigert er sich ein weiteres Mal, sie anzuerkennen. Sie bleibt geheim, wird niemals offiziell bestätigt.

32

Kurvenstil

Mein Freund, der Grafologe, hat mich zurückgerufen, nachdem er die Briefe von Marie-Thérèse recht schnell analysiert hatte. Ich machte mir Notizen während des Gesprächs, verblüfft, dass er innerhalb weniger Tage entdeckt hatte, wofür ich mich monatelang durchs Halbdunkel vorantasten musste.

»Ich habe noch nie zuvor eine so wässrige Schrift gesehen«, sagt er. »Eine Linie, die dahinzufließen, zu gleiten scheint, lauter Rundungen, Wölbungen und Wellen. Immer braucht es einen Schlenker, die Ecken werden abgerundet, die Striche sind weich, die Linien tröpfeln dahin, um das Wort nicht zu zerteilen. Wenn sie unterschreibt, dann schlängelt sich selbst das große T von Thérèse wie ein geschwungenes F oder die Öffnung einer Geige.«

Eigenartigerweise existiert sie genauso im Werk von Picasso: nichts als sinnliche Rundungen. Ehe die Periode nach Marie-Thérèse benannt wurde, wurde sie als Kurvenstil bezeichnet.

Serge Lascar sieht darin das Zeichen für eine »gefügige, empfängliche, verfügbare und passive Persönlichkeit. Das Fehlen von klaren, vertikalen Strichen weist auf eine Unfähigkeit hin, sich zu entscheiden, sich zu lösen, zu gehen, sich abzunabeln.«

Als sie diese Briefe schreibt, ist sie vierzig Jahre alt, doch für den Grafologen ist sie nicht erwachsen geworden, hat sich nicht geformt. »Passiv«, »naiv«, »kindlich« sind Adjektive, die am häufigsten wiederkommen. »Sie schreibt, denkt und reagiert wie ein Kind …« Genau denselben Eindruck hatte ich, als ich mir das Interview von ihr angehört habe.

Wie ein Kind kann sie unvermittelt von traurig zu fröhlich wechseln. Wie ein Kind lebt sie in der Verleugnung, in einem Traumzustand mit den Mechanismen des magischen Denkens. Sie schließt die Augen, um nichts zu sehen. Ich hatte mehrfach den Eindruck, dass sie Pierre Cabanne belogen oder ihren Alltag in den Briefen an Picasso ausgeschmückt hatte. »Sie belügt sich vielmehr selbst, als dass sie aktiv lügt, vermeidet damit, sich der Realität zu stellen.«

In der Liebe sucht sie nach einer symbiotischen Beziehung. »Sie liebt wohl eine Art Vater. Sie sucht das Vergnügen, das sofortige Vergnügen. Sie ist bestimmt nicht besonders mütterlich, nicht in der Lage, wirklich auf den anderen einzugehen.

Sie passt sich allem an. Sie muss ihre Gewohnheiten haben, Rituale und Ticks, die ihr helfen, die Leere und die verstreichende Zeit zu überbrücken, das Leiden zu vermeiden.«

Sie kann »rätselhaft« erscheinen, denn ihre Reaktionen als Kindfrau sind manchmal etwas unkonventionell, unvorhersehbar, außergewöhnlich. Sie vermittelt unweigerlich ein Gefühl von Freiheit, so spontan und instinktiv, wie sie ist, wie sie sich ungefiltert und häufig ohne nachzudenken äußert. Doch sie hat »ein Kind im Kopf«, insistiert der Grafologe.

Auch über das Schriftbild von Jeanne hat Serge Lascar sich gebeugt. Er merkt ein paar Gemeinsamkeiten zwischen den Schwestern an, insbesondere eine Tendenz, sich ein anderes Leben zu erträumen, und ein nicht stark ausgeprägtes Muttergefühl. Doch Jeanne ist »strukturierter, vernünftiger, reifer und auch verbissener«. Ihre Briefe zeugen von einer hohen Meinung von sich selbst. Ihr Beruf muss ihr Selbstsicherheit verliehen haben. Und sie »genügt sich selbst«. Sie ist so überzeugt von sich, sie braucht für ihre Überzeugungen keine Bestätigung durch andere.

»Zusammenfassend müsste man sagen«, schließt Serge Lascar, »die Schrift von Jeanne im Erwachsenenalter ist immer noch die eines unbedarften Teenagermädchens, das von seinen romantischen Vorstellungen dazu getrieben wird, sich Geschichten auszudenken.«

Ich habe Suzanne angerufen. Zunächst hat sie sich sehr über das grafologische Gutachten geärgert. Dann jedoch hat sie zugegeben, dass »Jeanne manchmal tatsächlich den Eindruck vermitteln konnte, dass sie ihre Erzählungen ausschmückte. Aber mit so viel Charme ...«

33

Das Schatzkästchen der Geheimnisse

1970 ist Marie-Thérèse schließlich aus Paris weggegangen, um sich endgültig an der Côte d'Azur niederzulassen. Die Miete der großen Wohnung am Boulevard Henri-IV muss ihr zu teuer geworden sein, außerdem gab es für sie keinen Grund mehr, dort zu bleiben.

Merkwürdigerweise hat sie sich für Menton entschieden, fast zwei Stunden von Picasso entfernt. Aber vielleicht hat ja auch er ihr diesen abgelegenen Hafen auferlegt, um sie auf Distanz zu halten. Man kann sich entlang des Küstenstrichs kaum noch weiter entfernen, oder aber man landet in Italien: Der Grenzposten ist tatsächlich nur hundert Meter von Marie-Thérèses Haus entfernt.

Sie ist in ein kleines, einfaches Haus gezogen, das sich vor einer mit Pinien, Agaven, Orangen- und Zitronenbäumen bewachsenen Schlucht an einen steilen Hügel schmiegt. Wohin man auch blickt, sieht man das Mittelmeer. Eine Ahnung vom Paradies … Sie lebt darin umgeben von Erinnerungen, doch ohne ein einziges Gemälde, hat ausschließlich Kunstdrucke. Und im Schlafzimmer ein riesiges Porträt von Picasso, dem sie immer noch mehrmals pro Woche schreibt.

Lydia Gasman ist die Erste, die sie in Menton besucht. Diese amerikanische Akademikerin, die aus dem kommunistischen Rumänien geflohen ist, ist Künstlerin und Kunsthistorikerin zugleich. Sie unterrichtet am Vassar College im Staat New York und sitzt an ihrer Doktorarbeit zu Picasso. Sie hat die Hartnäckigkeit von Amerikanern, die Wut von Migranten, die Starrköpfigkeit von Forschern und ein außergewöhnliches Charisma. Auf der Suche nach Marie-Thérèse klappert sie alle Hotels in der Gegend ab, beschwatzt Concierges, ruft an, hakt nach, besticht vielleicht sogar, um an Informationen zu kommen. Sie hätte einiges an Zeit gespart, hätte sie einfach das Telefonbuch aufgeschlagen. Genau das muss übrigens der Concierge getan haben, der die Adresse von Marie-Thérèse für sie herausgefunden hat: Menton, Walter Madame, 69 Villa Sud Pré, Garavan, 93 357 215.

Marie-Thérèse dann zum Sprechen zu bringen, ist nur noch eine Formsache: Lydia Gasman muss nur schwören, dass sie keine Journalistin ist, und versprechen, dass ihre Doktorarbeit[123] nur von ihren Professoren, Kunsthistorikern und amerikanischen Studierenden gelesen werden wird. Marie-Thérèse fühlt sich so geschmeichelt, auf diesem Weg an die Universität zu kommen, dass sie kein bisschen misstrauisch ist. Glücklich, ihrer Einsamkeit zu entkommen, vertraut sie sich Gasman arglos an …

Und Lydia Gasman, die fließend Französisch spricht, bringt sie dazu, ihr Schatzkästchen der Geheimnisse mehr zu öffnen, als man sich vorstellen kann.

Welche Fragen hat sie wohl gestellt, um solch indiskrete Aussagen zur Sexualität, zu Picassos Praktiken und seinen sadomasochistischen Forderungen zu bekommen? Gegenüber Dora Maar oder Françoise Gilot, Frauen mit einer deutlich stärkeren Persönlichkeit, noch dazu Künstlerinnen und Intellektuelle, hätte sie sich nicht ein Zehntel davon erlaubt, doch bei Marie-Thérèse kann man sich alles herausnehmen!

Marie-Thérèse stellt sich wohl vor, sie würde mit einer Freundin sprechen, und wie immer packt sie ihre Briefe, ihre Fotos, ihre Intimität aus. Ohne zu verstehen, dass Gasman ein sehr eigenes Raster auf diese Dinge legt: Sie will Marie-Thérèse unbedingt mit der Lolita von Nabokov vergleichen und den Wesenszug des Perversen betonen. Marie-Thérèse lässt sich mitreißen. Sie gibt zu, dass sie ihn manchmal als Liebhaber und Vater gesehen hat. Sie geht so weit, ihn als Teufel zu bezeichnen. Und nach ein paar Stunden fragt sie die Kunsthistorikerin schließlich, ob er tatsächlich ein großartiger Maler sei.[124] Die Angesprochene muss sie herablassend angelächelt, ihr wie einem Kind geantwortet und mit anderen Fragen weitergemacht haben.

Sie haben sich zweimal getroffen, Ende Dezember 1971 und Anfang Januar 1972, mit dem Vorhaben, ein Buch herauszubringen. Dann bekommt Marie-Thérèse Angst, zu unvorsichtig gewesen zu sein. Sie ist panisch wie ein junges Mädchen, das furchtbare Angst hat, ausgeschimpft zu werden: »Sie dürfen nichts von meinen Erinnerungen an mein Leben mit Pic erwähnen. Sie wissen sehr wohl, warum«, schreibt sie Gasman ein paar Tage nach ihrem letzten Gespräch besorgt. Die Amerikanerin versucht wohl, sie zu beschwichtigen und ver-

spricht, zu Lebzeiten von Picasso nichts zu veröffentlichen.

Ihre Doktorarbeit[125] verteidigt sie tatsächlich erst
sechs Jahre nach dem Tod des Malers. Kein Verleger hat
diese über zweitausend Seiten je veröffentlicht. Aber
Dutzende Autoren und Autorinnen, darunter auch ich,
haben sie als Mikrofiche konsultiert und sich an den
pikanten Details ergötzt, während sie vorgaben, sich für
die langen gelehrten Ausführungen über den Einfluss des
Surrealismus zu interessieren.

34

Vauvenargues

Ein Schneesturm in der Provence, mitten im April. Soweit sich die Alten erinnern, ist das in Vauvenargues nur ein einziges Mal vorgekommen: Im Frühling 1973, an dem Tag, an dem Picassos sterbliche Überreste von Mougins nach Château überführt wurden. Bestimmt hätte ihm die Idee gefallen, dass sein Abschied mit außergewöhnlichem Unwetter einherging, dazu mit dem Bild des verschneiten Sainte-Victoire als letztes Augenzwinkern an Cézanne.

Marie-Thérèse hatte Picasso seit mindestens fünfzehn Jahren nicht mehr gesehen. Doch ihrer Familie zufolge soll sie ihn eine Woche vor seinem Tod angerufen und den Eindruck gehabt haben, dass er sich müde anhörte.

Der große Maler des 20. Jahrhunderts ist am 8. April 1973 im Alter von 91 Jahren im Beisein seiner Ehefrau und seines Kardiologen um 11 Uhr morgens in seinem Haus in Mougins an den Folgen einer Lungenembolie gestorben.

Marie-Thérèse muss unverzüglich durch ihre Schwester Geneviève informiert worden sein, nachdem diese die Nachricht im Radio gehört hatte. Umgehend ruft Marie-Thérèse Maya an. Dann, verloren, stößt sie sich an der

Leere und dem Schweigen. Das sind Momente, in denen Aufgaben und Formalitäten einem Rettungsring gleichkommen, der einen vor dem Ertrinken bewahrt. Doch sie hat nichts zu tun. Niemand braucht sie ... Also wird sie vergebens in ihrem kleinen Haus in Menton tätig. Sie schreibt einen ersten Brief an Paulo, um ihm ihr Beileid auszusprechen, einen weiteren an Miguel Montanès, der seit dem Weggang von Sabartés Picassos Sekretär war. Sie bedankt sich bei ihm für alles, als wäre sie Picassos Witwe. Durch den übergroßen Kummer, der sie befällt, weiß sie nicht mehr genau, wo ihr Platz ist.

Geneviève muss in den ersten Zug nach Nizza gestiegen sein, damit sie nicht allein ist. Besorgt beobachtet die Schwester sie, mal in sich zusammengesunken, dann wieder hektisch aufgewühlt. Ich stelle sie mir vor, wie sie das Radio oder den Fernseher einschaltet, oder an den Hafen hinuntergeht und eine Ausgabe von *Nice Matin* kauft. Würde sie auf ihre innere Stimme hören, würde sie sofort aufbrechen ... Aber sie weiß sehr wohl, dass Jacqueline sie niemals in Mougins empfangen würde.

Zwei Tage später wird in den Nachrichten verkündet, dass der Leichnam ins Château von Vauvenargues transportiert worden ist. Sie begreift, dass die Beisetzung dort stattfinden wird. Sie geht davon aus, dass sie zumindest der Beerdigung beiwohnen kann, von Weitem, diskret.

Sie muss früh aufgebrochen sein, damit sie um die Mittagszeit dort eintraf, muss Schnee und Glatteis getrotzt haben, allein mit ihrer älteren Schwester, am Steuer des alten Cabriolets, das Picasso ihr vor dem Krieg geschenkt hatte. Weder die Schaulustigen noch die Journalisten beachten die beiden älteren Damen, die schweigend vor dem Tor des Schlosses warten. Wüssten sie, wer sie ist, würden ihr sämtliche Mikros hingehalten, doch Marie-Thérèse ist es gewohnt, nicht erkannt zu werden …

Sie muss gezögert haben, sie, die es nie wagt, sich aufzudrängen, wenn sie nicht eingeladen ist, aber schließlich klingelt sie doch. »Ich habe darum gebeten, sie zu sehen, und man hat mich in den Garten gebracht. Dann sind ein Gendarm und der Gärtner gekommen und haben mir gesagt, ihr Kummer sei zu groß, sie könnten mich nicht empfangen, man würde mir schreiben …«

Noch nie war der Name »Festung« für das Gebäude aus dem 16. Jahrhundert treffender. Nur Paulo hat Jacqueline empfangen, den ältesten Sohn, das einzige legitime Kind, zwei Freunde, Louise und Michel Leiris, ein spanisches Verlegerehepaar und den jungen Anwalt, Roland Dumas, für den Picasso sich seit sieben oder acht Jahren begeistert hat. Ihm zufolge soll Picasso keine konkreten Hinweise für den Ablauf seiner Beisetzung hinterlassen haben: »Abergläubisch bis zum Schluss, weigerte er sich, seinem Tod entgegenzusehen oder sich mit einem Testament zu befassen, geschweige denn mit seiner Beerdigung!« Jacqueline hat also wohl einfach die Anweisungen, die er zu Lebzeiten gegeben hatte, um sich Besucher vom Hals zu halten, auf die Beerdigung angewendet.

Roland Dumas sieht noch den Sarg, »aufgebahrt auf einem Katafalk in einem Wachraum, in dem es eisig kalt war …«. Er erinnert sich an die weinende, in einen großen schwarzen Umhang gehüllte Jacqueline, »die von einem Zimmer ins nächste hastete, als wäre sie ohne Sonne ganz verloren«[126]. Doch dass Marie-Thérèse abgewiesen wurde, erfährt er erst später.

»Meine Tochter Maya ist da drin, grüßen Sie sie bitte von ihrer Mutter«, bittet diese den Gärtner, der sie wieder nach draußen bringt. Doch nein, sie täuscht sich ... Weder Maya noch Claude und Paloma konnten sich ihrem Vater ein letztes Mal nähern. Die drei unehelichen Kinder mussten ihre Blumen auf dem Friedhof des Dorfes ablegen, während ihr Vater im Schlosspark beigesetzt wurde.

Marie-Thérèse hat, natürlich, keine Einwände vorgebracht. Längst hat sie sich mit dem ihr zugewiesenen Platz abgefunden.

»Und dann ... dann bin ich wieder gegangen. Und das Drama ist weitergegangen ...«

Sehr bewegt muss sie später in *Paris Match* gelesen haben, dass *La Femme au vase (Die Frau mit Vase)*, eine der Skulpturen, für die sie Modell gesessen hatte, auf seinem Grab einzementiert worden war. Das ist ja wohl ein Liebesbeweis, oder?

Immer dieses große Missverständnis. Nichts deutet darauf hin, dass er an sie gedacht hat, als er sich wünschte, dass diese Bronze nach seinem Tod über ihn wachen solle. Um Jacqueline nicht zu verletzen, hat er bestimmt behauptet, er habe das Werk ausgewählt, nicht das Modell. »Die Frauen verschwinden – die Bilder bleiben«, sagte Sabartés, der ihn besser kannte als jeder andere ... Man kann durchaus annehmen, dass er auch die Schaffensperiode gewählt hat, die er von allen am meisten mochte und an die er sich voller Glückseligkeit erinnerte. Ganz beiläufig denkt er liebevoll an das naive junge Ding, dessen Leben er geraubt hat ... Doch unter *La Femme au vase (Die Frau mit Vase)* ruht, seit ihrem Selbstmord 1986, Jacqueline an seiner Seite.

35

Eine Sammlung

Am Ende hat sie überstürzt zwei Gemälde verkauft, und das auch nur, um die Krankenhauskosten von Pablito zu begleichen, dem Enkel von Picasso und Olga, den sie ein bisschen als ihren eigenen betrachtet.

Der 24 Jahre junge Mann erträgt es nicht, dass ihm auch nach dem Tod seines Großvaters der Zutritt zu dessen letzter Bleibe verwehrt wird. Nachdem er vom Hausmeister und seinen Hunden wie ein Schurke auf die Straße gesetzt worden ist, geht er nach Hause und trinkt Bleichmittel.

»Der Picasso-Fluch«, titelt die Presse, die nach Pathos strebt und die Legende konstruiert … Man ahnt vor allem die Verzweiflung eines jungen Menschen, zerbrechlich und drogenabhängig, der in Armut lebt und es einfach nicht länger aushält, selbst im Tod noch von diesem egoistischen, steinreichen Großvater verleugnet und verdrängt zu werden. Dabei trägt er dessen Vor- und Nachnamen, die beide so schwer auf ihm lasten.

Pablito wird als Notfall ins Krankenhaus von Antibes gebracht, wo er drei Monate unter schrecklichem Leiden verbringt. »Ich wollte implodieren, unser ganzes Leiden von innen heraus zerstören«, vertraut er seiner Schwester an, ehe er im Juli stirbt, unbeachtet auch vom eigenen Vater, nachdem ihn schon der Großvater mit Missachtung gestraft hatte …

»Als Einzige ist Marie-Thérèse auf uns zugekommen, sehr freundlich, sehr großzügig«, erzählt Marina. »Sie hat meine Mutter besucht und zu ihr gesagt: ›Ich besitze zwei Bilder von Picasso. Ich werde versuchen, sie zu verkaufen.‹«[127] Dieses Geld ermöglicht es auch, Pablito in Cannes zu beerdigen, bei seiner Großmutter Olga.

Im Anschluss hat Marie-Thérèse noch weitere Werke verkauft. Ihr Anwalt hat sich mit Picassos Anwälten geeinigt, sodass ihr Besitz nicht angezweifelt wurde. Und nach dem Tod von Picasso stört sich niemand mehr am Fehlen der Signatur. Jan Krugier, ein Schweizer Galerist, stellt im Dezember 1973 unter dem Titel »Eine Sammlung« eine sehr schöne Ausstellung der Gemälde von Marie-Thérèse zusammen. Noch immer steht ihr Name nicht auf dem Ausstellungskatalog, sondern nur im Vorwort.

Die Besucher haben in Genf sehr viel mehr entdeckt als nur die etwa zwanzig Arbeiten, die Heinz Berggruen und Frank Perls von Picasso signieren lassen wollten: Öl- und Gouachegemälde, zwei Selbstporträts, Zeichnungen, Collagen, Decoupagen, gravierte Steine, Bronzeformen von der Hand des Malers, das Originalmanuskript seines Stücks *Wie man Wünsche beim Schwanz packt* und das berühmte blaue Heft, das Marie-Thérèse »Spaßalbum« nannte. Der Katalog[128] versammelt 129 Stücke, die sicher nicht alle zum Verkauf standen. Eigenartigerweise hat Marie-Thérèse kein einziges Bild aus den frühen Dreißigerjahren besessen, insbesondere keins aus der glücklichsten, der erotischsten Periode, jener, die ihren Namen trägt. Nichts ist signiert, aber alles ist mit einem Datum versehen. Ein paar Stillleben aus Tremblay, Porträts aus Royan, zum Beispiel jenes der Großmutter, Émilie-Marguerite. Auf höchst widersinnige Weise erzählt diese Zusammenstellung vor allem von der Leidenschaft eines Vaters für seine Tochter, von ihrer Komplizenschaft, von der Zeit, die er damit zubrachte, sie zu zeichnen, sie mit Skizzen oder ausgeschnittenen Bildern zu amüsieren. Marie-Thérèse taucht in ihrer eigenen Sammlung tatsächlich nur sehr wenig auf ...

Nach dieser Ausstellung hat sie ein kleines Vermögen beisammen. Zwei Jahre später kann ihr die junge Marina Picasso, die nun ihrerseits ihren Vater Paulo beerbt, die Summe zurückzahlen, die sie von Marie-Thérèse für die Behandlung ihres Bruders bekommen hatte. »Da du heute frei bist«, sagt Marie-Thérèse, »und mich fragst, was mir eine Freude machen würde, als Dank für das, was ich für dich und Pablito getan habe, kann ich nur antworten, bitte kaufe mir einen Helikopter ...«[129] Verwirrt zieht Marina es vor, sich vorzustellen, dass »dieser Helikopter ein Scherz war. Oder ein Zeichen der Beschämung. Ein Zeichen von größtem Anstand.«

Sie scherzt, oder aber sie redet dummes Zeug ... Wie berauscht fängt sie an, völlig unkontrolliert und ohne je zu rechnen, Geld auszugeben. Sie hat keinerlei Bezug zu Geld, das sie nie verdienen musste. Somit wähnt sie sich reich und das für immer. Sie verteilt ihr Geld an alle, die sie aufsuchen und eine Finanzspritze, ein Darlehen oder ein Geschenk erbitten. Sie hat »jener einen Pelzmantel gekauft, diesem einen Wagen oder wieder jemandem anderen eine Reise ermöglicht oder die Kosten für eine Schönheitsoperation übernommen ...«[130], glaubt Olivier, der älteste Sohn von Maya, zu wissen. Auf diese Weise kauft sie sich flüchtige Freundschaften, von denen viele wieder verschwinden, sobald sie nicht mehr die Mittel hat, so großzügig zu sein.

Bei dem Besuch der Ausstellung in Genf kommt Pierre Cabanne auf die Idee, sie zu interviewen. Auch er hat Mühe, ihre Adresse ausfindig zu machen. Nicht etwa, weil sie sich versteckt – sie steht immer noch im Telefonbuch –, sondern weil die Freunde von Picasso sich hartnäckig darum bemühen, die Spuren zu verwischen, da sie befürchten, sie könnte, ihnen zufolge, Unsinn erzählen.

Wäre der Maler noch am Leben gewesen, hätte Marie-Thérèse es niemals gewagt, sich auf dieses Interview einzulassen. Doch der große Kritiker weiß, wie er es anstellen muss ... Bestimmt hat er ihr geschmeichelt, mit ihr geredet wie mit einem kleinen Kind, das man von etwas überzeugen will. Sie hat sich in der Vorstellung gefallen, sie könnte unvermittelt zum Star werden, zu einer Berühmtheit, die ihr Leben im Radio erzählt.

Zur selben Zeit gelingt es auch dem berühmten kanadischen Arzt, Doktor Herbert Schwarz, ihr einen Besuch abzustatten. Noch ist er nicht vom Datum ihres Zusammentreffens mit Picasso besessen, also spricht er nicht darüber. Im Frühling 1974 müht er sich vielmehr damit ab, ein Gemälde authentifizieren zu lassen, das allem Anschein nach eine Fälschung ist. Marie-Thérèse hat diesbezüglich weder eine Meinung noch Informationen, doch sie nutzt die Gelegenheit, um wieder einmal jemanden an ihren Erinnerungen teilhaben zu lassen. Wie jedes Mal, wenn sie einen Besucher empfängt, holt sie ihre Fotos hervor und breitet ein paar Briefe und Fingernagelschnipsel aus.

Doktor Schwarz vertraut sie an, dass sie ein Haus in Juan-les-Pins gekauft habe. Sie scheint glücklich darüber, bald umziehen zu können; sie werde einen großen Garten haben und Platz für ihre Tauben, sagt sie. Juan-les-Pins, das ist ihr ganzes Leben ... Ihre Ferien mit Picasso, dann mit Jeanne, mit Maya.

Herbert Schwarz ist in Begleitung eines Fotografenehepaares zu ihr gekommen: Luc und Lala Joubert, die beide in der Kunstwelt arbeiten. Ihnen verdanken wir das letzte bekannte Foto von Marie-Thérèse, das im Buch des Kanadiers abgebildet ist.

Sie ist erst 64 Jahre alt, doch ihr Gesicht wirkt deutlich älter. Unter den gebündelten Einflüssen von Sonne und Kummer ist sie runzelig geworden wie ein alter Apfel. Aber sie hat noch immer die vollen Wangen der wunderschönen Muse von den Porträts aus den Dreißigerjahren, die Haare zum Bob geschnitten, noch immer blond, wenn es auch ein verwaschenes Blond ist, wie das von Skandinaviern, das mit dem Alter ausbleicht. Sie hat einen Seidenschal um den Hals geknotet, um eleganter zu wirken. Sie deutet ein Lächeln an, doch es gelingt ihr nicht ganz.

36

Ich bin einfach alles leid

Sie muss Menton 1975 verlassen haben und nach Juan-les-Pins gezogen sein. Ein Teil des Geldes aus den Bilderverkäufen hat es ihr erlaubt, sich La Lusitane in der Nummer 7 der Rue Albany zu leisten: eine bescheidene Villa, erbaut nach dem Krieg, mit einem kleinen Garten, in dem eine Palme, ein Oleander, ein Orangenbaum, ein paar Steingartenpflanzen und eine sich an den Balkon schmiegende Bougainvillea wachsen. Am Ende eines kurzen Kieswegs, der zur Küche führt, lässt sie eine Voliere für ihre Tauben errichten. Dieses ruhige Wohnviertel erlaubt es ihr, zugleich nahe beim Strand und beim Pinienwald zu sein ... Doch die Rückkehr nach Juan-les-Pins bedeutet vor allem, in ihre bitter-süßen Erinnerungen einzutauchen, mit seinem Geist zu leben, ständig über Plakate des Museums von Antibes zu stolpern, über Fotos von ihm, diese schwarzen Augen, die sie anstarren und noch immer erbeben lassen: *Mirada fuerte!*

Die Rue Albany ist mit dem Fahrrad nur vier Minuten von der Villa Sainte-Geneviève entfernt, wo sie nach Mayas Geburt gewohnt haben und wo ihrer Meinung nach alles ins Wanken geraten ist. Bestimmt geht sie

manchmal dort vorbei, unternimmt eine Art Pilger-
marsch in dem Versuch, es zu verstehen.

Ihr letzter Anruf gilt Inès, der Kinderfrau von Picasso
im besetzten Paris, die inzwischen in Mougins lebt und
zu der sie eine enge Beziehung aufrechterhalten hat. Sie
ruft an und sagt, sie müsse sie ganz dringlich »wegen
eines wichtigen Umstands« sehen. Doch Inès, deren
Mann indisponiert ist, kann sich nicht loseisen.

Nice Matin zufolge »soll ein Freund Alarm geschlagen
haben«. Nur zwei Artikel, beide ohne Foto und ohne
Gemälde. Der erste, auf der Titelseite, am 22. Oktober
1977, enthüllt den Selbstmord jener Frau, »die die Gefährtin von Picasso« war und erhängt in ihrer Garage
aufgefunden wurde. Der zweite, tags darauf, vermeldet
auf den Innenseiten eine »Beisetzung im engsten Kreis«.

Ich wollte mir ihr Haus ansehen, um mir ihr Leben
vorzustellen. Der aktuelle Besitzer hat mich auf der
Straße entdeckt, mich hereingebeten und mich dann zu
Joseph geschleppt, dem Nachbarn, der damals Alarm geschlagen hat.

»Sie müssen wissen, dass ich sie abgehängt habe«, erläutert mir der ehemalige Automechaniker zur Begrü-
ßung. Er lebt immer noch an der Ecke. Und von seinem
Balkon aus sieht man noch immer das Tor von La Lusitane.

Genau genommen war er kein Freund. Es war einfach
eine nachbarschaftliche Bekanntschaft. Er sieht sie mit
dem Fahrrad vorbeifahren, immer lächelnd, immer
freundlich, und manchmal plaudern sie ein bisschen. Er
erinnert sich an eine zurückhaltende sechzigjährige Frau,

überaus sportlich, niemals außer Atem, wenn sie die Straße bis zu ihren Häusern hinauffuhr. Manchmal habe sie über zu große Einsamkeit geklagt. Dann aber sei ihm einige Wochen lang vor allem ein »ständiges Kommen und Gehen bei ihr aufgefallen, immer Männer und alle ziemlich schlecht gekleidet«. Am Donnerstag, den 20. Oktober 1977 sei eine der Personen, denen sie möglicherweise finanziell unter die Arme gegriffen habe, noch bei ihr gewesen. Das Tor, das für gewöhnlich tagsüber offen stand, sei allerdings verschlossen gewesen. Der Mann habe geklingelt und so fest gegen das Tor gehämmert, dass Joseph auf seinen Balkon getreten sei. Weil er einen Einbruch vermutete, habe er den Mann beobachtet, bis er wieder verschwunden sei. Getrieben von einer eigenartigen Vorahnung sei dann auch er nach unten gegangen und habe bei Marie-Thérèse geklingelt. Sie hätte durchaus verreist sein können, trotzdem habe er es, als eine Antwort ausblieb, vorgezogen, beim Kommissariat anzurufen. Danach sei er mit den Polizisten über das Tor geklettert und habe sie erhängt vorgefunden: nicht in der Garage, wie es in der Zeitung stand, sondern in ihrer Küche im Erdgeschoss der Villa.

Eine entschiedene, nicht rückgängig zu machende und sorgfältig geplante Geste. Vielleicht hatte sie schon seit Picassos Tod daran gedacht, oder aber seit ihrer Rückkehr nach Juan-les-Pins, wo sie allenthalben von seinem Geist umgeben war. Lange Zeit hing ihr Leben am seidenen Faden der Briefe, die sie ihm schrieb, an der Illusion eines Dialogs. Dieser Faden war seit vier Jahren zerrissen ... Doch bestimmt hat sie sich manchmal vorgestellt, wie sie mit ihm redete, oder hat ihm trotzdem Briefe geschrieben. In ihrem Schlafzimmer hing noch immer das große Porträt von ihm, und auf einem Tisch hatte sie den Abguss seiner Hand.

Maya, die zu dieser Zeit in Marseille lebt, trifft sehr schnell in Begleitung einer befreundeten Anwältin ein. Die Polizei stellt die klassischen Fragen: Gesundheitliche Probleme? Finanzielle Schwierigkeiten? Nein, nichts von alldem, antwortet sie. Was soll sie den Polizisten, die sich über den Leichnam ihrer Mutter beugen, auch erzählen?

»Marie-Thérèse habe [ihre Tochter in ihrem eine Seite langen Abschiedsbrief] um Verzeihung gebeten.«[131] Außerdem soll sie ihr darin ihren letzten Willen mitgeteilt haben: Sie möchte mitsamt ihrem Schatzkästchen der Geheimnisse begraben werden. Die Polizei hat diesen Brief wohl an sich genommen, und es wurde nie wieder darüber gesprochen.

Überraschend ist jedoch, dass die Polizisten acht weitere Briefe auf dem Küchentisch vorfinden, adressiert an acht verschiedene Personen. Nicht einmal ein Drittel aller Selbstmörder hinterlässt eine Nachricht für die Angehörigen. Und wenn, dann nur eine. Eine derartige Fülle an Briefen ist überaus selten, wie mir ein Psychiater bestätigte!

Es ist anzunehmen, dass sie ihrer ältesten Schwester Geneviève geschrieben hat, ihrem Bruder, Inès Sassier, ihrer Freundin ... Ihrem Enkel zufolge war der längste dieser Briefe (neun Seiten!) für Marina bestimmt, die Tochter von Paulo und Schwester von Pablito ... Doch dann bleiben immer noch vier. Vielleicht waren sie für die Besitzer des angrenzenden Hotels, die sie gut kannten, für einen Händler oder für Menschen, denen sie geholfen hat ... Es ist ihr durchaus zuzutrauen, dass sie eine so persönliche Geste auch einfachen Bekannten erläuterte. Ob sie wohl auch einen Brief an Jeanne geschrieben hat? Ihr gesagt hat, dass alles verziehen ist? Oder dass nun nichts mehr von Bedeutung ist? In einem Brief, den der Journalist von *Nice Matin* zitiert, soll Marie-Thérèse eingeräumt haben: »Ich bin einfach alles leid.«

Jeder Selbstmord ist ein Rätsel. Seit dem Tod von Picasso »lebte [sie] in einer irrealen Welt ohne Zukunft«[132], fasst es ihr Enkel Olivier verschämt zusammen. Ganz offensichtlich hat sie ihren Hauptgrund, weiterzuleben, verloren. Vielleicht hofft sie, ihn so wiederzufinden ... Doch ganz abgesehen von Picasso kann man sich auch vorstellen, dass sie sich erhängt, weil sie erstickt in der Angst, der Einsamkeit und der Furcht vor dem nächsten Tag ... Geld hat sie in der letzten Zeit so viel ausgegeben, dass der Fiskus nach Erklärungen verlangt. Sie ertrinkt in Briefen, in Nachfassschreiben. Vermutlich fühlt sie sich auch bedrängt von all den Menschen, die bei ihr vorstellig werden und sie um Geld bitten. »Ich habe genug von allem.« An diesem Tag ist Picasso nicht mehr zwingend ihr Ein und Alles.

Auf einen Selbstmord folgt immer ein Ermittlungsverfahren. In diesem Fall dauert es lange, bestimmt weil Joseph von den eigenartigen Besuchern berichtet hat ... Zunächst wird Marie-Thérèses Sarg in der Leichenhalle des Friedhofs von Rabiac untergebracht. Eine Zeremonie im Regen, heimlich, so wie sie gelebt hat: Maya, ihre Anwältin, ihr Notar, Geneviève, die älteste Schwester, der Bruder, unvermittelt wieder aufgetaucht, um ganz und gar grundlos seinen Teil des Erbes einzufordern, dazu ein paar ortsansässige Journalisten … Im weiteren Verlauf erinnert Joseph sich an einen von bewaffnetem Sicherheitspersonal begleiteten Geldtransporter, mit dem die wenigen Picasso-Arbeiten abgeholt wurden, die sie noch besessen hatte. So haben die meisten Nachbarn von der Bedeutung dieser überaus zurückhaltenden Frau im Werk und im Leben des Malers erfahren.

Acht Monate später, am 13. Juni 1978, wird sie endlich auf dem neuen Friedhof von Antibes beigesetzt. Jetzt sind um ihr Grab noch weniger Menschen versammelt.

Sie hat zwei Leben gehabt, ihr eigenes und jenes, das ihr das Werk von Picasso verleiht, und genauso hat sie zwei Beerdigungen gehabt, beide im engsten Kreis. Inzwischen ruht Marie-Thérèse hinter einer Baumgruppe und buschigen Sträuchern, geschützt vor fremden Blicken, wie das Dornröschen, das sie auf ihre Art war. Einzig ihr Grabstein ist ganz beeindruckend gestaltet. Maya ließ vier verschlungene Großbuchstaben hineingravieren: P-M-T-W, die an die Monogramme der kubistischen Gemälde erinnern oder an die Zeichnung einer Vase von 1939. Und wie von Hand kalligraphiert: »Die schönste Blume«, Marie-Thérèse Walter, 1909–1977.

»Die schönste Blume der Liebe«, hatte Picasso ihr geschrieben …

Das Grab ist gepflegt, zumindest muss jemand vorbeikommen und die trockenen Blätter einsammeln. Doch nachdem sie im Schatten gelebt hat, bleibt sie eine verborgene Tote. Man kann sich nur wünschen, dass sie ihren Frieden gefunden hat.

»Gibt es 47 Jahre nach Ihrem Zusammentreffen etwas, das Sie bedauern«, wurde Marie-Thérèse von Pierre Cabanne gefragt.

»Absolut nichts, rein gar nichts … Er hat uns gut erzogen. Ich wusste nichts vom Leben, und er hat sehr gut daran getan, sehr vorsichtig mit mir zu sein.«

Epilog

Nach meiner Rückkehr aus Juan-les-Pins rief ich Suzanne an. Wir verabredeten uns in dem Café, in dem wir uns immer trafen.

Ich zeigte ihr die Fotos von Marie-Thérèses Grab, jene von ihrem letzten Haus in der Rue Albany und die Artikel aus dem *Nice Matin.* Mir ist sehr wohl aufgefallen, dass sie sich die Sachen nur zerstreut ansah. Als hätte ich mich durch den Fokus auf Marie-Thérèse einem anderen Weg verschrieben als dem, den sie mir hatte aufzeigen wollen.

Ich hatte bereits während unseres vorigen Treffens versucht zu verstehen, was der eigentliche Grund war, der sie dazu angetrieben hatte, mir zu helfen. Diesmal stellte ich die Frage anders. Warum dieser unbedingte Drang, Jeanne zum Leben zu erwecken? Picasso sagte: »Fragen veranlassen einen zu lügen, vor allem dann, wenn es keine Antwort gibt. Nein, Suzanne, weichen Sie mir nicht länger aus.«

»Ich war neunzehn Jahre alt, als ich Jeanne kennenlernte. Sie können sich nicht vorstellen, was für einen Einfluss sie auf mich hatte. Fast könnte ich sagen, sie hat mir das Leben gerettet. Also begleiche ich hiermit vielleicht gewissermaßen eine Schuld: Ich möchte ihr zu dem Platz verhelfen, der ihr im Werk von Picasso zusteht. Ich möchte, dass man sie auf den Gemälden erkennt. Nicht mehr und nicht weniger.«

Bilden Sie sich nicht ein, dass Sie jemals meinen Platz einnehmen können, würde Marie-Thérèse darauf wohl antworten.

Danksagung

Allen voran möchte ich mich bei Suzanne für ihre Hilfe und ihr Vertrauen bedanken. Ebenso bei Hélène Zinc, Yves Brocard und Serge Lascar, ohne die Marie-Thérèse ungehört geblieben wäre.

Ich danke Delphine Huisinga, Paul Audi, Marie Laure Bernadac, Laurent le Bon, Sylvette David, Marcel Fleiss, Aube Elléouët Breton, Roland Dumas, Jean Marc Scanreigh, Gwen Strauss, Charlotte Quiblier und Violette Andrès, François Buot, Henri Behar, Martin Tzara, Alashair Mac Gregor-Hastie, Luc Archambault, ich danke Québec und Anne Berest.

Außerdem danke ich Maude Julien und Heidi Beroud, die mich über Hörigkeit (in der Psychologie) aufgeklärt haben, sowie Anne-Claude Ambroise Rendu und Cécile Guidot, die mich über Fragen des Urheberrechts ins Bild gesetzt haben.

Auch bei all denen, die mir den Weg gewiesen haben, möchte ich mich bedanken: Gérard Dufaud in Royan, Elsa Leborgne in Dinard, Joseph Salerno und Andrew Gray in Juan-les-Pins, Calou in Tremblay, Yves Kinossian in den Archives départementales des Alpes maritimes.

Ich danke meiner Freundin Cyrille Morvan.

In Gedenken an Pierre Cabanne, Jaime Sabartés,

Pierre Daix, Roland Penrose, Lydia Gasman und John Richardson.

Außerdem danke ich meinem Verleger Manuel Carcassonne, wichtiger denn je, und meiner Lektorin Émilie Pointereau.

Und ich danke Thierry Demaisière, ohne den ich diesen Weg niemals so weit gegangen wäre.

Anmerkungen

Sofern nicht anders angegeben, wurden Zitate und Anmerkungen von Alexandra Baisch ins Deutsche übersetzt.

1 Alle Zitate von Marie-Thérèse Walter ohne Quellenangabe stammen aus dem Interview, das sie Pierre Cabanne, dem Kunstkritiker und Picasso-Spezialisten, gewährt hat und das im April 1974 in der Sendung »Présence des arts« (Gegenwart der Künste) auf France Culture ausgestrahlt wurde.
2 Françoise Gilot / Carlton Lake, *Leben mit Picasso*, Diogenes, 1981, übersetzt von Anne-Ruth Strauß, S. 560.
3 »Das Adressbuch der Dora Maar«, übersetzt von Alexandra Baisch, btb, 2020.
4 John Richardson, Katalog der Ausstellung »Amour fou«, Galerie Gagosian, New York 2011.
5 Pierre Cabanne, *Le Siècle de Picasso*, Denoël, 1975.
6 Überwiegend verfasst von seiner Enkelin, Diana Widmaier Picasso, Kunsthistorikerin, die zu einer der ausgezeichnetsten Spezialistinnen dieser »Schaffensperiode« wurde.
7 Roland Penrose, *Picasso, Sein Leben, sein Werk*, Heyne, 1981, übersetzt von Egbert von Kleist, S. 310.
8 Patrick O'Brian, *Pablo Picasso. Eine Biographie*, Hoffmann und Campe, 1979, übersetzt von Christian Spiel, S. 365.

9   Aussage gegenüber dem Kunstkritiker Tériade, veröffentlicht in der Tageszeitung *L'Intransigeant* am 15. Juni 1932.

10 Antonina Vallentin, *Pablo Picasso*, Kiepenheuer & Witsch, 1958.

11 Françoise Gilot / Carlton Lake, *Leben mit Picasso*, op. cit., S. 368.

12 *Life*, »Sonderausgabe Picasso« Nr. 26, 27. Dezember 1968 (Gespräch mit Barrey Ferrel).

13 Lydia Gasman, *Mystery, Magic and Love in Picasso, 1925–1938: Picasso and the surrealist poet*, Columbia University Press, 1981.

14 Hugues Nancy und Olivier Widmaier Picasso, *Picasso – Bestandsaufnahme eines Lebens*, DVD, arte Edition, 2014.

15 Pierre Cabanne, *Le Siècle de Picasso*, op. cit.

16 Id.,*L'ŒIL*, Nr. 226, »Picasso et les joies de la paternité« (»Picasso und die Freuden der Vaterschaft«), 1. Mai 1974.

17 David Gilmore, *Étude sur le machisme andalou (Studie über den andalusischen Machismo)*, zitiert nach John Richardson, *A Life of Picasso, Volume III, The Triumphant Years 1917–1932*, Pimlico, 2009.

18 Herbert T. Schwarz, *Picasso and Marie-Thérèse Walter. 1925–1927*, Éditions Isabeau Inc., 1988.

19 Mary Ann Caws, *Dora Maar. Die Künstlerin an Picassos Seite*, Nicolaische Verlagsbuchhandlung, 2000, übersetzt von Anja Gundelach, S. 195.

20 John Richardson, *A Life of Picasso*, Volume III, op. cit.

21 Pierre Daix, *Le Nouveau Dictionnaire Picasso*, Robert Laffont, 2012.

22 Diana Widmaier Picasso, »Picasso and Marie-Thérèse

Walter: Erotic Passion and Mystic Union«, in *Picasso: The Artist and His Muses*, Vancouver Art Gallery, 2016.

23 Pablo Picasso, *Écrits. 1935–1959*, Gallimard, 1989.

24 Brassaï, *Gespräche mit Picasso*, Rowohlt, 1993, übersetzt von Edmond Lutrand, S. 109.

25 Brassaï, *Gespräche mit Picasso*, op. cit., S. 10.

26 Jaime Sabartés, *Picasso, Gespräche und Erinnerungen*, Luchterhand, 1990, übersetzt von Oswald von Nostiz, S. 51.

27 Lydia Gasman, *Mystery, Magic and Love in Picasso*, op. cit.

28 Ibid.

29 Olivier Widmaier Picasso, *Picasso, Porträt einer Familie*, Prestel, 2003, übersetzt von Nikolaus G. Schneider, Egbert Baqué und Claudia Steinitz, S. 58.

30 Interview von Pierre Cabanne, die Sendung wurde auf France Culture ausgestrahlt.

31 Jean Renoir, *Mein Vater Auguste Renoir*, Diogenes, 1981, übersetzt von Sigrid Stahlmann, S. 321.

32 Olivier Widmaier Picasso, *Picasso, Porträt einer Familie*, op. cit. S. 56.

33 Caroline Eliacheff, *Les Vies d'Olga (Die Leben von Olga)*, Katalog der Ausstellung »Olga«, Musée Picasso, Paris 2017.

34 John Richardson, *A Life of Picasso*, Volume III, op. cit.

35 Geständnis an Anaïs Nin, festgehalten in ihrem Tagebuch von 1945 (zitiert von Pierre Daix, *Le Nouveau Dictionnaire Picasso*, op. cit.).

36 Roland Penrose, *Picasso, Sein Leben, sein Werk*, op. cit., S. 310.

37 Lydia Gasman, *Mystery, Magic and Love in Picasso*, op. cit.

38 André Malraux, *Das Haupt aus Obsidian*, S. Fischer, 1975, übersetzt von Ulrich Friedrich Müller, S. 113.

39 Diana Widmaier Picasso, »Marie-Thérèse Walter und Pablo Picasso. Neue Erkenntnisse über eine heimliche Liebe«, in *Pablo Picasso und Marie-Thérèse Walter. Zwischen Klassizismus und Surrealismus*, Munster, Graphikmuseum Pablo Picasso, Bielefeld, Kerber, 2004, S. 27–35.

40 André Breton, *Les Enfers artificiels, 1921*, in den gesammelten Werken, Gallimard, vol. 1, 1988.

41 Pierre Daix, *Le Nouveau Dictionnaire Picasso*, op. cit.

42 John Richardson, *A Life of Picasso*, Volume III, op. cit.

43 Pablo Picasso, Brief an Marie-Thérèse Walter, 12. Oktober 1929, Familienarchiv Maya Widmaier Picasso, Diana Widmaier Picasso, catalogue expo Allemagne.

44 Pierre Cabanne, *Le Siècle de Picasso*, Band II, op. cit.

45 Podcast: Vénus s'épilait-elle la chatte: www.venusle podcast.com/episodes/picasso%2C-s%C3%A9parer-l'homme-de-l'artiste

46 Albert Camus, *Der Mensch in der Revolte*, Rowohlt, 1969, übersetzt von Justus Streller, S. 341.

47 Maude Julien, *Der Wille meines Vaters*, Knaur, 2015, übersetzt von Anna Leube und Heinrich Leube, S. 277.

48 Brassaï, *Gespräche mit Picasso*, op. cit., S. 79–80.

49 Françoise Gilot / Carlton Lake, *Leben mit Picasso*, op. cit., S. 125.

50 »Picasso l'étranger« (Picasso der Fremde), Musée national de l'histoire de l'immigration, vom 4. November 2021 bis zum 13. Februar 2022.

51 Roy MacGregor-Hastie, *Picasso's Women*, Headline Book, 1989.

52 Ibid.

53 Ibid.

54 John Richardson, *A Life of Picasso*, Volume III, op. cit.

55 Interview mit der spanischen Zeitung *Ahora*, zitiert im Ausstellungskatalog »Picasso 1932«, Musée Picasso et RMN, 2017.

56 Pierre Cabanne, France Culture, Présence des arts, April 1974.

57 Brief an Michel Leiris.

58 Kamel Daoud, *Meine Nacht im Picasso-Museum*, Kiepenheuer & Witsch, 2020, übersetzt von Barbara Heber-Schärer, S. 58.

59 Ibid., S. 34.

60 Ibid., S. 26–27.

61 Brassaï, *Gespräche mit Picasso*, op. cit., S. 177.

62 Zitiert im Ausstellungskatalog »Picasso 1932«, op. cit.

63 John Richardson, Katalog der Ausstellung »Amour fou«, op. cit.

64 Pablo Picasso, *Écrits*, op. cit.

65 Pierre Cabanne, *Le Siècle de Picasso*, tome II, op. cit.

66 Paul Audi, *Jubilations*, Christian Bourgois, 2009.

67 Caroline Eliacheff, France Culture, »La grande table« Dans les yeux d'Olga, 10. Mai 2017.

68 Olivier Widmaier Picasso, *Picasso Porträt einer Familie*, op. cit., S. 143.

69 Roy MacGregor-Hastie, op. cit.

70 François Buot, *Tzara*, Grasset, 2002.

71 John Richardson (mit Ross Finocchio und Delphine Huisinga), *A Life of Picasso*, Volume IV, Alfred A. Knopf, 2021.

72 David Douglas Duncan, *Les Picassos de Picasso*, Edita s. a., 1960.

73 Vertrauliche Aussage von Maya gegenüber Gérard Dufaud in *Picasso, un réfugié à Royan*, Comedian, 2012.

74 Pablo Picasso, *Écrits*, op. cit.

75 Gespräch mit der Autorin.

76 Jaime Sabartés, *Picasso, Gespräche und Erinnerungen*,
op. cit., S. 141.

77 Ibid., S. 102.

78 Jaime Sabartés, *Picasso, Portraits et souvenirs*, École des
Loisirs, 1996. (Im Nachwort von Brigitte Leal).

79 Brassaï, *Gespräche mit Picasso*, op. cit., S. 158–159.

80 Jaime Sabartés, *Picasso, Gespräche und Erinnerungen*,
op. cit., S. 139.

81 Ibid., S. 141.

82 Ibid., S. 142.

83 Roland Penrose, *Picasso, Sein Leben, sein Werk*, op. cit.,
S. 312.

84 Patrick O'Brian, *Pablo Picasso*, op. cit., S. 394.

85 Lydia Gasman, *Mystery, Magic and Love in Picasso*, op. cit.

86 Jaime Sabartés, *Picasso, Gespräche und Erinnerungen*,
op. cit., S. 143.

87 Victoria Combalia, *Dora Maar, la femme invisible*, Éditions Invenit, 2019.

88 Brief von Pablo Picasso an Marie-Thérèse datiert vom
29. August 1936 (in den Archiven von Maya Widmaier
Picasso), zitiert in Diana Widmaier Picasso, »Marie-
Thérèse and Pablo Picasso. New Insights into a Secret
Love«, op. cit.

89 Pierre Cabanne, *Le Siècle de Picasso*, tome III, op. cit.

90 Françoise Gilot / Carlton Lake, *Leben mit Picasso*, op.
cit., S. 557.

91 Roland Penrose, *Picasso, Sein Leben, sein Werk*, op. cit.,
S. 337.

92 Ibid.

93 Vertrauliche Mitteilung von Maya an Gérard Dufaud, *Picasso, un réfugié à Royan*, op. cit.

94 Arianna Stassinopoulos Huffington, *Picasso: Genie und Gewalt. Ein Leben.* Übersetzt von Andrea Galler, Gabriele Burkhardt, Dr. Karlheinz Dürr, Droemer Knaur, 1988, S. 258.

95 Gérard Dufaud, *Picasso, un réfugié à Royan*, op. cit.

96 Pierre Cabanne, *Le Siècle de Picasso*, tome III, op. cit.

97 Pablo Picasso, *Écrits*, op. cit.

98 Victoria Combalia, *Dora Maar, la femme invisible*, op. cit.

99 Brassaï, *Gespräche mit Picasso*, op. cit., S. 43.

100 Olivier Widmaier Picasso, *Picasso, Porträt einer Familie*, op. cit., S. 80.

101 Andrée Rolland, *Picasso et Royan*, 1967, vergriffen, 2014 neu veröffentlicht von Comediart.

102 Olivier Widmaier Picasso, *Picasso Porträt einer Familie*, op. cit., S. 76.

103 Françoise Gilot / Carlton Lake, *Life with Picasso*, Virago, 1990. Aus dem Vorwort der englischen Ausgabe von Lisa Alther.

104 André Malraux, *Das Haupt aus Obsidian*, op. cit., S. 15.

105 Françoise Gilot / Carlton Lake, *Leben mit Picasso*, op. cit., S. 203.

106 Ibid, S. 372–373.

107 Ibid, S. 373.

108 Olivier Widmaier Picasso, *Picasso Porträt einer Familie*, op. cit., S. 56.

109 Ibid, S. 76.

110 Pierre Cabanne, *L'ŒIL*, Nr. 226, op. cit.

111 John Richardson, *A Life of Picasso, The Minotaur Years 1933–1943*, Alfred Knopf, New York, 11/2021.

112 Archiv des Musée Picasso.

113 Olivier Widmaier Picasso, *Picasso Porträt einer Familie*, op. cit.

114 Lydia Gasman, *Mystery, Magic and Love in Picasso*, op. cit.

115 Interview von Lydia Gasman, op. cit.

116 Arianna Stassinopoulos Huffington, *Picasso: Genie und Gewalt. Ein Leben*, op. cit., S. 477.

117 Heinz Berggruen, *Hauptweg und Nebenwege, Erinnerungen eines Kunstsammlers,* Fischer, 2012, S. 142.

118 Ibid., S. 143.

119 Ibid., S. 143.

120 Ibid., S. 143.

121 Ibid., S. 146.

122 Ibid., S. 147.

123 Lydia Gasman, *Mystery, Magic and Love in Picasso*, op. cit.

124 Lydia Gasman, *War and the Cosmos in Picasso's Texts*, iUniverse, 2007.

125 Lydia Gasman, *Mystery, Magic and Love in Picasso*, op. cit.

126 Im Gespräch mit der Autorin.

127 Marina Picasso, *Und trotzdem eine Picasso: Leben im Schatten meines Großvaters*, List, 2001, übersetzt von Dora Toblach, S. 152.

128 *Une collection Picasso*, Genève, Dezember 1973.

129 Marina Picasso, *Und trotzdem eine Picasso: Leben im Schatten meines Großvaters*, op. cit., S. 152.

130 Olivier Widmaier Picasso, *Picasso Porträt einer Familie*, op. cit., S. 188.

131 Ibid., S. 187.

132 Ibid., S. 188.

Brigitte Benkemoun

Das
Adressbuch
der
Dora Maar

288 Seiten, btb 77012

**Das Leben und Lieben einer faszinierenden Frau
und Fotografin im Paris der Nachkriegszeit.**

Dora Maar, lange Zeit nur als »Muse und Geliebte« von
Pablo Picasso bekannt, erhält mit dieser außergewöhnlichen
Künstlerbiografie endlich ein eigenes Gesicht.
Brigitte Benkemoun rekonstruiert anhand eines zufällig
entdeckten Adressbüchleins das Leben der Dora Maar,
die zu den großen Fotografinnen ihrer Zeit gehörte,
und gibt zugleich Einblick in eine der spannendsten Epochen
der Kunstgeschichte.

»Ein spannender Kunstkrimi, der so unglaublich ist,
dass der Leser lange nicht glauben will, was er da liest.«
Süddeutsche Zeitung

btb